厦门理工学院学术专著出版基金
厦门理工学院科研攀登项目（XPDST19001）　　资助
厦门理工学院横向基金项目（50201220026）

■ 林永坚 著

An Empirical Study
on Earnings Management of Listed Companies
in China

中国
上市公司盈余管理
实证研究

中国财经出版传媒集团

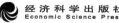

经济科学出版社
Economic Science Press

·北京·

图书在版编目（CIP）数据

中国上市公司盈余管理实证研究／林永坚著．--北京：经济科学出版社，2023.12
ISBN 978 - 7 - 5218 - 5523 - 4

Ⅰ.①中… Ⅱ.①林… Ⅲ.①上市公司 - 企业利润 - 研究 - 中国 Ⅳ.①F279.246

中国国家版本馆 CIP 数据核字（2024）第 008781 号

责任编辑：杜　鹏　武献杰　常家凤
责任校对：李　建
责任印制：邱　天

中国上市公司盈余管理实证研究
林永坚◎著

经济科学出版社出版、发行　新华书店经销
社址：北京市海淀区阜成路甲 28 号　邮编：100142
编辑部电话：010 - 88191441　发行部电话：010 - 88191522
网址：www. esp. com. cn
电子邮件：esp_bj@ 163. com
天猫网店：经济科学出版社旗舰店
网址：http：//jjkxcbs. tmall. com
固安华明印业有限公司印装
710×1000　16 开　11 印张　180000 字
2023 年 12 月第 1 版　2023 年 12 月第 1 次印刷
ISBN 978 - 7 - 5218 - 5523 - 4　定价：88.00 元
（图书出现印装问题，本社负责调换。电话：010 - 88191545）
（版权所有　侵权必究　打击盗版　举报热线：010 - 88191661
QQ：2242791300　营销中心电话：010 - 88191537
电子邮箱：dbts@ esp. com. cn）

前　言

　　盈余管理历来是理论界与实务界的一个热点问题。早期文献往往主要集中于研究企业的应计项目盈余管理行为。然而，近些年来，国外越来越多的研究表明，随着法律制度、会计准则的日臻完善以及监管层监管力度的不断加强，上市公司利用应计项目进行盈余管理的空间越来越小。这导致许多公司"与时俱进"转而利用更加隐蔽的真实活动进行盈余管理。因此，本书感兴趣的问题是：我国上市公司会同时操控应计项目和真实经营活动进行盈余管理吗？如果会，那么真实活动盈余管理会导致什么经济后果？新会计准则的实施是否在某种程度上促使了真实活动盈余管理行为的出现？如何对企业的真实活动盈余管理行为进行有效制约？

　　基于以上问题，本书对我国上市公司利用真实活动进行盈余操控的行为进行实证研究，得出的主要研究结论如下。

　　（1）在总经理变更当年，上市公司存在利用应计项目调减利润的盈余管理行为，但不存在利用真实活动的盈余管理行为。在新任总经理上任后第一个、第二个完整会计年度，上市公司存在利用应计项目和真实活动调增利润的盈余管理行为。总经理变更当年，如果董事长也发生变更，则上市公司在变更当年利用应计项目调减利润的程度更大，在变更后第一个、第二个完整会计年度利用应计项目和真实活动调增利润的程度也显著更大。

（2）具有高管学术经历的上市公司其可操纵性应计利润水平更低，异常经营现金净流量水平更高，异常产品生产成本水平更低，异常酌量性费用水平更高。表明高管学术经历降低了上市公司的应计盈余管理水平以及销售操控、生产操控和费用操控三个方面的真实盈余管理水平。具有学术经历的高管具有更高的道德标准，在盈余管理问题上充分体现了其"不为五斗米折腰"的"文人风骨"。

（3）当期业绩表现糟糕且预期未来业绩表现良好的企业倾向于利用应计项目正向盈余管理，即挪用未来盈余以补当期所需；当期业绩表现良好且预期未来业绩表现糟糕的企业倾向于利用应计项目负向盈余管理，即储存当期盈余以备他日之需；当期业绩表现糟糕且预期未来业绩表现也糟糕的企业则倾向于利用真实活动进行正向盈余管理；当期业绩表现良好且预期未来业绩表现也良好的企业则越不可能利用真实活动进行盈余管理。

（4）微盈公司显著存在利用应计项目以及真实活动进行正向盈余管理的现象；相比新会计准则实施前，微盈公司在新会计准则实施后利用应计项目正向盈余管理的程度显著减少、利用真实活动正向盈余管理的程度显著增加，表明新会计准则的实施促使微盈公司转向利用更加隐蔽的真实活动盈余管理进行利润操控；进一步研究发现，在控制了资产规模、资产回报率、年持有收益率、操控性应计利润以及成长性等影响因素后，上市公司真实活动盈余管理的程度与其后期的业绩表现显著负相关，表明真实活动盈余管理行为会损害公司的长期价值。

（5）机构投资者持股比例与上市公司的应计项目盈余管理水

平及真实活动盈余管理水平显著负相关，表明机构投资者在公司治理活动中发挥了积极的监督作用；进一步研究发现，真实活动盈余管理水平与上市公司长期业绩表现显著负相关，应计项目盈余管理水平与上市公司短期业绩表现显著负相关，而机构投资者持股与上市公司长期业绩表现显著正相关。表明机构投资者持股比例的增加有助于提升上市公司的长期价值，其积极治理作用的一个重要体现在于对盈余管理行为的监督和制约。

（6）相比本土会计师事务所，由国际"四大"审计的公司其操控性应计利润显著更小；在具体区分操控性应计利润的方向后，由国际"四大"审计的公司其正向操控性应计利润显著更小，负向操控性应计利润则与本土事务所无显著差异。此外，相比本土会计师事务所，由国际"四大"审计的上市公司其真实活动盈余管理程度显著更低，表明国际"四大"对上市公司的应计项目盈余管理行为和真实活动盈余管理行为更能够起到有效的治理作用。

上述研究结论表明，我国上市公司广泛存在着真实活动盈余管理行为，会计准则的实施在某种程度上成为真实活动盈余管理出现的"催化剂"。此外，真实活动盈余管理会损害企业的长期价值，大力发展机构投资者、引进国际"四大"有助于避免企业过度的真实活动盈余管理现象。

林永坚

2023 年 11 月

目 录

第一章

导　　论

第一节　研究背景

　　盈余管理历来是理论界与实务界关注的一个焦点问题。威廉·K. 斯科特（William K. Scott，2000）认为，盈余管理是指经理人在不违背一般公认会计准则（GAAP）的前提下，通过会计政策选择达到自身利益或企业市场价值最大化的行为。希利和惠伦（1999）则认为，盈余管理是指企业管理者运用职业判断，在编制财务报告和构造真实交易时变更财务报告，从而达到误导以公司经营业绩为基础的利益相关者的决策行为的目的，或者达到影响以会计报告盈余数字为基础的契约结果。盈余管理与会计造假有着本质的区别：通常而言，前者通常是在会计准则和会计制度许可的范围内进行利润调节；而后者则超出了准则和制度许可的范围，是财务经理道德败坏的体现。尽管大部分情况下盈余管理被认为是一个中性概念，然而，企业过度的盈余管理行为会导致企业的真实经营业绩与报表提供的会计信息脱节、扰乱资本市场的正常秩序，最终会误导投资者的决策行为、降低资本市场的配置效率。美国的"安然事件""世通事件"以及我国近几年披露出来的一些财务造假事件，都给投资者带来了巨大的损失，扰乱了资本市场的正常秩序。因此，可以说，盈余管理是会计信息质量的大敌，无论是从维护投资者的利益角度出发，还是出于维护社会经济秩序，优化资源配置，促进经济持续、良性发展的考虑，都必须严加制约和取缔（沈烈和张西萍；2007）。

20 世纪 80 年代，国外众多文献对企业的盈余管理行为展开了深入研究（DeAngelo，1988；Healy，1985；Watts and Zimmerman，1986；Defond and Jiambalvo，1994；Jones，1991；Teoh，Welch and Wong，1998）。然而，这些早期文献大多集中于研究企业的应计项目盈余管理行为。这种盈余管理模式的产生与传统财务会计以权责发生制为确认和计量基础是分不开的。权责发生制要求，凡是当期已经实现的收入和已经发生或者应当负担的费用，无论款项是否收付，都应当作为当期的收入和费用，计入利润表；凡是不属于当期的收入和费用，即使款项已经在当期收付，也不应当作为当期的收入和费用。这种计量基础导致的结果使企业产生许多待摊项目和应计项目。因此，企业会计利润通常包括现金和应计项目（应计利润）两部分。这便给管理者通过应计项目及待摊项目的调整来进行盈余操控的空间，比如：销售收入与费用确认时点的选择；固定资产折旧年限与残值的估计、固定资产折旧方法的选择；无形资产摊销年限的估计；存货计价方法的选择；资产减值准备、预计负债的估计等。这种盈余管理模式的主要特点可以概括为以下几点：（1）主要通过会计政策选择、会计估计变更等会计手段进行利润操控；（2）操控便捷、往往只需在年底通过会计手段操纵即可完成；（3）它不会改变公司的经营现金净流量；（4）具有"反转性"的特点，只会改变盈余在不同会计期间的分布，而不会改变各期间的盈余总额。因此，这种盈余管理方式对企业造成的伤害相对比较"温和"。

然而，近些年来，国外越来越多的研究表明，随着法律制度和会计准则的日臻完善、监管层监管力度的不断加强，上市公司利用应计项目进行盈余管理的空间越来越小。许多公司"与时俱进"转而利用更加隐蔽的真实活动进行盈余管理（Graham et al.，2005；Ewert and Wagenhofer，2005；Cohen et al.，2008；Zang，2006）。这种盈余管理模式主要通过安排真实交易完成，比如：为了提高当期利润进行期末降价促销、提供更为宽松的信用政策；削减当期的研发支出、广告费用、维修费用等；进行过度生产以降低单位销售成本，从而变相达到提高当期利润的目的；固定资产的出售等方法。这种操控方式与真实的经营活动难以区分，且往往会伤害公司的长期价值。比如：过度的销售折扣会降低消费者对公司未来产品的价格预期，提供过度的商业信用会增加公司的潜在坏账损失，过度生产会增加公司的存货管理成本，而削减研发广告费用则是以牺牲公司未来持续增长性为代价。总的来说，这种盈余管理模式是以扭曲公司的正常生产和经营活动为代价的，它会改变公司的经营现金净流量。因此，相比应计项目盈余管理，这种盈余管理模式带给公司的伤害往往更大，我们简称为真实活动盈余管理。

国外许多的文献都研究证实了企业会利用真实活动进行盈余操控（Bartov，1993；Gunny，2005，2010；Roychowdhury，2006；Zang，2006；Cohen et al.，2008；2010）。这些实证结论得到格雷厄姆、哈维和拉杰戈帕尔（Graham，Harvey and Rajgopal，2005）的支持。格雷厄姆、哈维和拉杰戈帕尔（2005）通过对401位财务高管的访谈调查发现，为了达到预定的盈余目标管理层的确会操控真实经营活动。大约有80%的调查参与者指出，为了达到盈余目标他们会降低可操控性费用支出，如研发支出、广告支出以及维修费用等。55.3%的调查参与者指出，为了达到盈余目标他们会推迟新项目的启动时间，即使这种做法可能会带来一定程度的价值损失。科恩等（Cohen et al.，2008）指出，美国公司在萨班斯法案通过后应计项目盈余管理显著减少，与之相反的是，真实活动盈余管理显著增加。表明企业在萨班斯法案通过后转变了盈余管理方式，开始利用更加隐蔽的真实活动盈余管理进行利润操控，以躲避外围日益趋紧的政策环境。

现有研究认为，管理层之所以会利用真实活动进行盈余管理是因为以下几个方面：首先，操纵应计项目的盈余管理方式更容易引起审计师和监管者的注意，而调整价格和产量或削减研发支出等真实活动盈余管理则与真实经营活动难以区分，具有很强的迷惑性和隐蔽性。简而言之，应计项目盈余管理面临更大的法律风险，而真实活动盈余管理面临的法律风险则小得多。其次，应计项目盈余管理通常只在年底通过会计手段操控，而真实活动经营管理则可在全年任意时间进行操控。如果企业单靠应计项目操控盈余，可能会使公司期末面临着盈余不能达标的风险，而此时再进行真实活动盈余管理将为时已晚。最后，利用应计项目进行盈余管理的灵活性有限，比如，应计项目盈余管理通常受制于企业的商业运营模式以及企业前期的应计利润操控量（Barton and Simko，2002），同时更受制于外部审计监督；而真实活动盈余管理则通常主要由管理层进行控制。

第二节 研究目的与意义

国外研究表明，真实活动盈余管理是监管层意图减少会计盈余操控裁量权的一个潜在后果（Gunny，2010）。会计准则的持续完善以及萨班斯法案的推出，一方面限制了公司应计项目盈余管理的空间，但同时也助推了真实活动盈余管理的出现（Ewert and Wagenhofer，2005；Cohen et al.，2010）。从2005 年开始，中国证券市场围绕企业内部控制体系的建设出台了一系列的法规。2005 年 10 月，中国证监会首次出台《关于提高上市公司质量的意见》。2006 年 5 月，深圳证券交易所发布了在全国范围内征求《上市公司内部控制指引》意见的通知，由此揭开了中国上市公司内部控制体系制度建设的序幕。2006 年 5 月 17 日，证监会发布了《首次公开发行股票并上市管理办法》。同年 6 月 5 日，上海证券交易所出台了《上海证券交易所上市公司内部控制指引》，次日，国资委也发布了《关于印发〈中央企业全面风险管理指引〉的通知》。2008 年 6 月 28 日，有"中国版萨班斯法案"之称的《企业内部控制基本规范》由财政部、证监会、审计署、银监会、保监会联合颁布。这一法规是在吸取美国经验和教训的基础上，对上市公司的内控制度进行完善，自 2009 年 7 月 1 日起开始施行。

总的来说，进入 21 世纪后，特别是美国萨班斯法案通过后，我国监管层对上市公司的监管力度不断加强。这些政策的实施很可能会导致企业盈余操控成本的提高。此外，财政部于 2006 年 2 月 15 日发布了新的企业会计准则体系，并于 2007 年 1 月 1 日起正式实施。它从存货计价方法选择、资产减值、企业合并、债务重组以及公允价值等方面对企业会计准则都做了进一步的规范，极大地缩小了上市公司盈余管理的空间。比如，新会计准则规定，企业计提的长期资产减值准备一经确认，在以后会计期间不得转回。这便切断了上市公司利用长期资产减值转回粉饰公司业绩的后路。再如，新会计准则取消了存货计量模式中的后进先出法，同样减少了上市公司利用不同会计政策进行盈余管理的空间。罗伊乔杜里（2006）认为，利用应计项目进行盈余管理给管理者带来了相应的风险。当这种做法被会计准则取缔时，管理者只能放弃相应的应计项目盈余管理方式，否则将由于财务欺诈而被投诉或者被捕。

　　基于以上分析，我们认为，随着我国监管政策的日益趋紧以及相关法律制度、会计准则的日益完善，我国上市公司有可能也会转向利用真实活动进行盈余管理。因此，本书的第一个研究目的在于：以我国沪深两地上市公司为样本，对我国上市公司是否存在的真实盈余管理行为进行实证研究。

　　尽管国外的文献围绕真实活动盈余管理进行了一些实证研究并取得一定的进展，然而这些文献大多只是从资本市场动机的角度证实了上市公司出于保盈、IPO、SEO 等动机会同时利用应计项目和真实活动进行盈余管理。而国内文献专门对企业真实活动盈余管理行为进行研究的文献则更为少见。李增福等（2010，2011）、张俊瑞等（2008）是国内较早对企业的真实活动盈余管理行为进行研究的学者，然而，他们与国外文献一致也是从资本市场动机的角度对真实活动进行盈余管理进行实证研究。因此，本书另辟蹊径，首次从高管变更的角度以及经理人收益平滑动机的角度实证研究我国上市公司是否同时存在利用应计项目和真实活动的盈余管理行为？我们之所以选择从这两个角度进行研究，除了出于创新性的考虑外，这两类文献已有的理论与实证研究成果比较成熟也是我们考虑的一个主要因素，只不过已有研究从应计盈余管理的角度进行了分析。当然，为了进一步证实真实活动盈余管理这一行为的普遍性，本书也将从资本市场动机的角度，实证研究我国微盈公司是否存在利用真实活动进行盈余管理的现象，以期为上市公司广泛存在着利用真实活动进行盈余管理的现象提供进一步的经验证据。

　　科恩等（2008）研究发现，在萨班斯法案通过之前，美国公司的应计项目盈余管理行为逐年稳定增加，但是在萨班斯法案实施后，这些公司应计项目盈余管理显著下降，而真实活动盈余管理则显著上升。表明随着会计准则以及相关法律法规的持续完善，上市公司应计项目盈余管理的空间逐渐缩小，这迫使这些公司转向使用真实活动盈余管理进行利润操控。甘尼（Gunny，2010）、埃沃特和瓦根霍费尔（Ewert and Wagenhofer，2005）也认为，真实活动盈余管理是监管层意图减少会计盈余操控裁量权的一个潜在后果。那么，随着我国上市公司监管政策的日益完善以及我国会计准则的持续完善，我国上市公司是否会出现类似的情形？本书以 2007 年新会计准则的实施为分界点，实证研究新会计准则的实施是否会导致中国上市公司的应计项目盈余管理的空间被压缩，同时却促使它们转向利用更为隐蔽的真实活动进行盈余操控。

除了实证研究我国上市公司是否存在真实活动盈余管理行为，真实活动盈余管理与新会计准则之间的关系外，本书的第三个目的在于实证研究真实活动盈余管理会导致什么样的经济后果？如前所述，相比应计项目盈余管理只会改变盈余在不同会计期间的分布，而不会改变各个会计期间的盈余总额的特点来说，而真实活动盈余管理是以扭曲企业的正常生产和经营活动为代价的，它会改变企业的经营现金净流量，进而会给企业的长期价值带来伤害。比如，过度的销售折扣会降低消费者对企业未来产品的价值预期，提供过度的商业信用会增加企业的坏账损失，过度生产会增加存货管理成本，削减当期的研发支出则是以牺牲企业未来的持续增长性为代价。由此可见，相比应计项目盈余管理这种相对"温和"的盈余操控手段，真实活动盈余管理给企业价值带来的伤害可以说是有"过之而无不及"。比如，甘尼（2005）对真实活动盈余管理的经济后果进行实证研究，结果发现，真实活动盈余管理与企业未来经营业绩显著负相关。李增福等（2011）研究发现，应计项目盈余管理会导致融资后公司业绩的短期下滑，而真实活动盈余管理则会引起公司业绩的长期下滑。另外，藏（2006）和科恩等（2010）也有同样的发现。然而，也有研究指出，真实活动盈余管理对未来经营业绩并未产生显著的负面影响（Taylor and Xu，2010）。甘尼（2010）认为，真实活动盈余管理具有积极效应，管理层可以选择通过真实活动盈余管理达到盈余标准，向市场传递企业未来美好前景的信号。由此可见，众多学者对该问题的研究结论差异较大。鉴于此，本书将对该问题进行实证研究，以期对真实活动盈余管理有一个更深入的认识。

真实活动盈余管理是否会导致企业长期价值受损，不同的学者提出了不同的看法。但可以肯定的是，真实活动盈余管理会导致企业的真实经营业绩与报表提供的会计信息脱节、扰乱资本市场的正常秩序，最终误导投资者的决策行为、降低资本市场的配置效率。因此，无论从维护投资者的利益角度出发，还是出于维护社会经济秩序，优化资源配置，促进经济持续、良性发展的考虑，都必须严加制约和取缔（沈烈和张西萍；2007）。然而真实活动盈余管理相比应计项目盈余管理更加隐蔽，而我国"一股独大"的股权结构背景也导致了众多公司内部治理机制更多时候只能是一种"摆设"。因此，本书最后一个目的是：实证研究机构投资者和外部审计这两种外部治理机制是否对企业的真实活动盈余管理行为具有显著的治理效应，以期为监管层相关政策的制定提供实证依据。

第三节　研究内容与研究框架

具体来说，本书主要章节安排如下。

第一章为导论。本章主要论述研究背景及研究意义、研究的主要内容和框架、研究方法、创新点和主要贡献。

第二章为盈余管理定义与动机。本章主要介绍盈余管理的相关定义及企业进行盈余管理的动机。

第三章为真实活动盈余管理文献综述。本章主要介绍国内外关于真实活动盈余管理的相关研究。

第四章为高管变更与盈余管理。本章主要实证研究我国上市公司新上任的高管是否存在盈余管理行为。

第五章为高管学术经历与盈余管理。本章主要讨论相比没有学术经历的高管，具有学术经历的高管是否从事更少的盈余管理行为。

第六章为收益平滑与盈余管理。本章主要实证研究我国上市公司是否存在收益平滑行为。

第七章为真实活动盈余管理的经济后果。本章主要研究真实活动盈余管理与新会计准则之间的关系以及真实活动盈余管理会产生怎样的经济后果。

第八章为机构投资者持股与盈余管理。本章主要讨论机构投资者是否对真实活动盈余管理具有治理效应。

第九章为外部审计与盈余管理。本章主要讨论外部审计对真实活动盈余管理是否具有治理效应。

第十章为研究结论与政策建议。

第四节　主要贡献与创新点

本书主要的创新点及贡献体现在以下几个方面。

第一，国外文献主要从资本市场动机的角度证实了企业存在真实活动盈余管理的现象。本书首次从高管变更动机和收益平滑动机的角度对上市公司是否存在真实活动盈余管理行为进行实证研究。

第二，已有研究主要集中于证实上市公司存在真实活动盈余管理行为，以及对真实活动盈余管理潜在经济后果的研究，缺少对真实活动盈余管理治理问题的研究。因此，本书从机构投资者和外部审计的视角，实证研究这些外部机制是否对企业的真实活动盈余管理能够起到有效的制约作用。

第三，国内文献对盈余管理关系的研究往往集中在应计项目操控上，本书将真实活动盈余管理纳入分析框架，丰富了该领域的研究文献。

第四，本书首次实证发现新会计准则实施后，我国上市公司应计项目盈余管理显著减少，真实活动盈余管理显著增加的现象。支持了埃沃特和瓦根霍费尔（Ewert and Wagenhofer，2005）和科恩等（Cohen et al.，2010）的研究结论，表明真实活动盈余管理的确可能是监管层意图减少会计盈余操控裁量权的一个潜在后果（Gunny，2010）。

第二章

盈余管理定义与动机

第一节　盈余管理的定义

一、现有文献观点

威廉·K. 斯科特（2000）认为，盈余管理是在不违背一般公认会计准则（GAAP）的前提下，企业经理人通过会计政策选择使自身效用最大化或使企业市场价值达到最大化的行为。该定义主要从经济收益观的角度，强调企业经理人对会计盈余或利润的控制。可以说这是一种相对狭义的概念，将盈余管理定义为经理人在一般公认会计准则约束下，通过会计政策选择来达到盈余目标。斯奇皮（Schipper，1989）则主要从信息观的角度定义盈余管理。信息观认为，会计盈余具有"信息含量"，是利益相关者进行投资决策和判断的重要依据。因此，斯奇皮（1989）认为，盈余管理是企业经理人以获取某些私人利益为目的，而在财务报告对外披露过程中进行干预、歪曲或控制的一种"信息披露管理"。在这种定义下，盈余管理不仅存在于对财务报告结果的控制中，同时还可能存在于财务报告对外披露过程中的任何一个环节，涉及的盈余管理形式也多种多样。因此，相比前者，该定义要相对广义些。此外，希利和惠伦（Healy and Whalen，1999）认为，盈余管理发生在管理当局运用职业判断编制财务报告或者构造真实交易以变更财务报告结果时，旨在误导以公司业绩为基础的利益相关者的决策行为或者影响以会计报告数字为基础的契约结果。由此可见，希利和惠伦（1999）的定义也是广义的，它将改变投资的时间安排或构造真实交易的做法也包括在盈余管理的范围内，是一种同时从经济收益观和信息观两个角度来解释盈余管理的观点。

国内也有一些学者对盈余管理的定义提出了自己的观点。比如，魏明海（2000）认为，盈余管理是企业管理层为了误导其他会计信息使用者对企业经营业绩的理解或影响那些基于会计数据的契约的结果，在编报财务报告和构造交易事项以改变财务报告时作出判断和会计选择的过程。陆建桥（2002）将盈余管理定义为企业管理人员在会计准则允许的范围内，为了实现自身效用的最大化或者企业价值的最大化作出的会计选择。章永奎和刘峰（2002）认为，盈余管理是上市公司为特定目的而对盈利进行操纵的行为。

二、盈余管理与盈余作假

根据现有文献区分，盈余管理包括应计盈余管理和真实盈余管理。两者与盈余作假均有着本质的区别。应计盈余管理指的是管理者通过合法的会计手段进行利润操控。比如，进行会计估计时，合理利用会计准则允许的酌量性，进行会计政策选择时选择有利于达到个人目的的会计政策。而真实盈余管理指的是管理者通过操控真实经营活动进行利润调节，比如，故意多生产或者少生产一些产品以调节营业成本，或者故意将研发费用、广告费用在不同年度间进行转移，以调节管理费用，或者通过放宽商业信用、促销等手段最终达到调节利润的作用（Roychowdhury，2006）。会计估计和会计政策的选择，会计准则均赋予管理者相当程度的酌量权和选择权；而增加或减少产品生产，提高或降低研发费用和广告费用，放宽商业信用等也属于管理层的自由决策范畴，并没有违反会计准则或者其他法律规范的相关规定。因此，管理者的以上做法虽然改变了会计报表的输出结果，但是并不违法。

与盈余管理不同，盈余作假则完全超过了会计准则所允许的范畴，是一种违法行为。虚构销售收入是盈余作假中最常见的一种操作方法，它与真实盈余管理中的销售操控有着本质的区别。简单来说，管理层有权根据自己的判断或需求调整销售政策，以增加公司销售额和净利润；但是管理层不允许通过虚构交易夸大销售额和净利润。因此，盈余作假是一种违法行为，而盈余管理则只能说是一种不道德的行为。针对盈余作假的违法行为，可以通过完善会计准则和相关法律法规（公司法、证券法）等正式制度的安排进行防控。而对于盈余管理这种"不道德"行为，除了进一步完善会计准则外，提升管理层自身的道德修养同样发挥着不可替代的作用。

本书认为，盈余管理"非违法"的特性是其始终难以监管的最重要原因。盈余管理与盈余造假不同，它指的是管理层合理地利用会计准则的规定进行利润操控。而盈余造假，指的是管理层通过虚构交易或者项目，故意夸大销售收入、资产规模或利润指标等。尽管盈余管理行为本身并不违法，但是管理层粉饰报表的行为扭曲了上市公司的真实业绩水平，严重影响了资本市场的资源配置效率，从而会阻碍资本市场的健康稳定发展。因此，探究如何抑制上市公司的盈余管理行为，具有重要的理论和实践意义。

第二节　盈余管理的动机

企业进行盈余管理是有成本的，企业和经理人承担的风险包括盈余管理，可能会损害他们的声誉以及会引致潜在的诉讼风险等。因此，只有在盈余管理带来的私利大于潜在的风险和成本时，企业才会进行盈余管理。企业可能基于各种动机进行盈余管理，其中受关注最大的动机大多与股票市场有关，比如，IPO 动机、SEO 动机、迎合分析师预测等。此外，高管变更、政策监管或基于契约原因，也会诱发企业的盈余管理行为。

一、IPO 动机

特奥、韦尔奇和王（Teoh, Welch and Wong, 1998）研究发现，上市公

司在首次公开发行时报告了异常高的应计项目，且这些公司在 IPO 的后续 3 个年度其股票投资回报率明显表现不佳。其中，报告应计项目最高的 25% 的样本公司比最低的 25% 的样本公司在 IPO 之后 3 年的股票回报率要低 20%，增发的股票也少 20%。特奥、王和饶（Teoh，Wong and Rao，1998）对 IPO 公司的会计盈余、相关的应计项目和现金流量进行研究，结果显示：IPO 公司的净利润和经营现金流量在 IPO 前会增加，而在 IPO 当年会降低；净利润在后续年度会继续降低，但现金流量不会；在 IPO 当年可操控性营运资本和应计项目与未来的现金流量、IPO 前后净利润变化额显著负相关。表明 IPO 公司试图利用应计项目影响投资者对公司价值的判断。洛克伦和里特尔（Loughran and Ritter，1995）发现，在 IPO 之前，企业为了提高公司的声誉和股票发行价格，会进行财务包装以增加 IPO 期间的净利润，这导致股票发行后经营业绩出现滑坡，同时股票长期收益下降。这便是所谓的新股发行之谜。阿哈罗尼等（J. Aharony et al.，1993）以 1985 年 1 月至 1987 年 6 月之间 IPO 的 229 家工业企业为样本，对其盈余管理行为进行研究，结果显示，企业在 IPO 前期的确存在利用会计选择调增报告盈余的现象，但是显著性较弱。阿哈罗尼等还发现，IPO 企业的盈余管理行为在小规模企业与高财务杠杆企业中更为显著。此外，阿哈罗尼等发现，微弱的证据支持企业雇佣的承销商和审计师的质量与盈余管理之间存在着一定关系。钱尼和刘易斯（Chaney and Lewis，1998）对 1975~1984 年 489 家 IPO 公司如何报告盈余进行实证研究。结果发现，IPO 公司利用操控性应计利润进行收益平滑，且收益平滑程度与公司业绩正相关，即业绩好的公司与其他公司相比，其经营业绩变化程度小于经营现金流量的变化程度。此外，进行收益平滑的公司其五年盈余反应系数更大。表明市场对收益平滑公司的盈余信息含量作出了更好的评估。

二、SEO 动机

斯皮斯和阿弗莱克·格雷夫斯（Spiess and Affleck Graves，1995）以 1975~1989 年进行增发的上市公司为样本，同时引入一组同行业、类似规模

的、股票未公开发行的公司为控制组，对上市公司增发之后的业绩表现进行
实证研究。结果显示，增发样本的业绩表现要显著低于未增发的样本。表明
与 IPO 类似，管理层在增发和 IPO 时都会高估公司的价值。斯里尼瓦桑·兰
甘（Srinivasan Rangan，1998）研究发现，上市公司增发时的盈余管理程度
能够预测其后续年度的盈余变化以及经市场调整的股票收益率。表明由于上
市公司增发时的盈余管理行为，股票市场会暂时高估上市公司的价值，但随
后对可预见的盈余下降股票市场则反应失望。与斯里尼瓦桑·兰甘（1998）
的研究结论一致，希瓦库马尔（Shivakumar，2000）研究发现，增发公司存
在显著的盈余管理行为。但与斯里尼瓦桑·兰甘（1998）结论不一致的是，
希瓦库马尔（2000）认为，投资者能够识别增发公司的盈余管理行为，并且
在增发公告时投资者能够理性地消除盈余管理带来的影响。另外，希瓦库马
尔认为，增发公司的盈余管理行为可能不是为了误导投资者，而仅仅是增发
公司对增发公告时可预期市场行为的一种理性反应。尹和米勒（Yoon and
Miller，2002）以 1995~1997 年进行股票增发的 249 家韩国公司为样本，检
验增发公司是否会存在显著的盈余管理行为，结果发现，增发公司在增发之
前和增发年份确实存在调增报告盈余的行为，但是相比未增发公司，增发公
司的经营现金净流量并没有显著的差异。此外，尹和米勒发现，当增发公司
的经营业绩表现较差时或者增发量相对较大时，增发公司更可能进行盈余管
理。进一步研究发现，增发公司股票回报率与净收益正相关，但与操控性应
计利润负相关，表明市场能够正确分析增发公司盈余管理行为。蔡和洛克伦
（Cai and Loughran，1998）对日本公司 1971~1992 年 1389 家进行增发的上
市公司后续五年的股票收益和业绩进行了研究。结果发现，与未增发公司相
比，增发公司的股票收益率和业绩均显著更差。

三、迎合分析师预测

除了 IPO 动机和 SEO 动机外，为了达到或超过分析师的预测，企业也可
能进行各种盈余管理。巴托夫等（Bartov et al.，2002）认为，达到分析师的
预期很重要，因为达到或超过分析师预期的企业往往有着更高的回报率，即

使这可能是由于经理人通过盈余管理做到的。松永和帕克（Matsunaga and Park，2001）指出，没有达到盈余标准的企业对企业股票回报率和CEO薪酬会有负向影响。派恩和罗伯（Payne and Robb，2000）指出，越多的分析师达成共同预测，经理人为了达到该共同预测的动机就越强。如果企业操控前的盈余低于盈余预期，则经理人会进行正向盈余管理；如果企业操控前的盈余高于盈余预期，则经理人可能通过负向盈余管理进行储备以备他日之需，或者也可能不进行盈余管理以期股票回报率的增长。布朗（Brown，1998）、布格斯塔勒和埃姆斯（Burgstahler and Eames，1998）、迪乔治，帕特尔和泽克豪泽（Degeorge，Patel and Zeckhauser，1999）、理查德森，特奥和威索基（Richardson，Teoh and Wysocki，1999）研究发现，微盈及略高于盈利预期的公司数目远多于微亏及略低于其盈利预期的公司数目。斯金纳和斯隆（Skinner and Sloan，2000）指出，股价对于未达到预期的盈余有过度反应的现象，如果公司没有达到分析师的预期，哪怕只是很小的差额，股价也会有很大的跌幅。阿巴巴内尔和莱哈维（Abarbanell and Lehavy，2000）研究发现，经理人会利用分析师关于股票交易的建议进行盈余管理，得到买入建议的公司更可能通过盈余管理来达到分析师的盈余预期，而得到卖出建议的公司更可能报告负的非预期应计项目。卡斯兹尼克（Kasznik，1999）研究发现，预期无法达到管理当局盈余预测的公司会通过操控性应计项目调高盈余。

四、薪酬契约动机

希利（Healy，1985）对奖金计划以当期报告净利润为基础的公司进行研究，结果发现，经理人普遍存在利用应计利润进行盈余管理以求达到其预期红利最大化的现象，即对于净利润低于盈余下限或者净利润高于盈余上限的公司，管理人员倾向于利用应计利润政策进行负向盈余管理，而当企业净利润介于两者之间时，管理人员倾向于利用应计利润进行正向盈余管理。霍尔索森等（Holthausen et al.，1995）利用一份管理层短期奖金计划的保密数据，研究管理层为了最大化奖金计划会在多大程度上进行盈余管理。结果发现，当公司盈余高于经理人员奖金所规定的盈余上限时，经理人员会进行负向管理盈余；但是与希利（1985）不同的是，对于低于奖金所规定的盈余下限时，并没有发现经理人存在负向盈余管理的行为。吉德里、塞拉利昂和洛克（Guidry, Leone and Rock, 1999）利用一家美国大型跨国公司各部门的数据，实证研究部门经理是否会为了最大化短期奖金计划而进行盈余管理。结果发现，当部门业绩表现达到奖金计划规定的下限，且低于奖金计划规定的上限时，大型跨国公司部门经理人员会进行正向盈余管理；而当部门业绩表现超过奖金计划规定的上限或者低于奖金计划规定的下限时，部门经理人员则会进行负向盈余管理。巴尔萨姆（Balsam, 1998）通过对美国大型公司1980～1993年的数据进行了检验，结果发现，操控性应计项目和高管薪酬存在显著正相关关系，表明管理层为了提高薪酬待遇会利用应计项目进行正向盈余管理。程等（Cheng et al., 2005）采用美国1993～2000年除金融机构和公共事业机构外的所有公司数据研究基于薪酬的期权激励与盈余管理的关系，研究发现，管理层股权激励带来激励效用的同时导致了管理层盈余管理行为的增加，盈余管理的动机可以认为是为了扩大行权时的收益。高等（Gao et al., 2008）研究了薪酬不同组成部分如何影响高管的盈余管理行为，研究发现，股票期权强度、红利、现金报酬等和盈余管理程度之间显著正相关关系。

五、债务契约动机

迪芬德和嘉巴尔沃（Defond and Jiambalvo, 1994）以1985～1988年违反债务契约的94家公司为研究样本，利用Jones时间序列和横截面模型实证考察这些公司的非正常应计利润总额和非正常营运资本应计额。结果发现，在违约前一年，样本公司的非正常应计利润总额和非正常营运资本应计额均显著为正，表明在违约发生前，管理层进行了正向盈余管理的会计处理。但在违约当年，非正常应计利润总额和营运资本应计额却为负。斯威尼（Sweeney, 1994）选取1980～1989年出现违反债务契约的130家公司作为研究样本，并相应地另外选取了130家同规模、同行业的公司作为控制样本，对债务违约公司的会计政策进行研究，结果发现，违约样本的管理层会通过变更会计政策进行正向盈余管理；债权人施加的违约成本以及管理层可利用的会计政策灵活性是管理层会计政策反应的重要决定因素；违约样本在违约年度及其前后年度变更会计政策的公司数量以及次数均显著高于控制样本。表明违约公司管理层会作出一些有助于降低违约可能性的会计政策选择。德肖等（Dechow et al.，1995）选择了一些已经违背契约的公司作为样本，他发现样本中的公司相对于控制样本，的确更多地利用了调增报告盈利的会计政策，还发现面临违约风险的公司更愿意尽早地采用那些可调增报告净收益的新会计准则。

需要指出的是，并非所有文献都支持上市公司基于债务契约会进行盈余管理的说法。比如，希利和帕利普（Healy and Palepu，1990）对接近股利限制契约临界点的上市公司是否会改变会计政策以对付债务契约的股利限制进行实证研究。结果发现，公司并没有进行盈余管理，而是减少了股利支付以对付债务契约的股利限制，减少的程度与股利限制的松紧程度成正比。因此，可以说这种以会计数字为基础的契约有效地限制了公司的股利政策。德安杰洛和斯金纳（DeAngelo and Skinner，1994）对纽约证券交易所76家陷入财务困境的公司进行了实证研究，结果发现，管理层的会计选择主要反映了公司的财务困难，而非企图调增报告盈余以求避免债务契约的限制或者粉饰公司的财务困境。他们的实证结果显示，受债务契约限制的公司与不受债务契约限制的公司在减少股利支付的前十年里仅呈现出微小的应计利润差别。

六、高管变更动机

自从莫洛（Moore，1973）以来，就不断有文献对高管变更与盈余管理之间的关系进行研究。比如，斯特朗和迈耶（Strong and Meyer，1987）认为，高管变更中继任来源的不同将影响盈余的变化。当继任者来自公司外部时，更有可能产生减少变更当年盈余以及增加变更后期盈余的利润操纵行为。德方和帕克（DeFond and Park，1997）研究发现，上市公司存在利用可操控应计利润进行平滑利润的现象。即当期业绩比较差而未来业绩预期比较好的公司会利用可操控应计利润挪用未来期间的收益，以增加当期盈余，减少现期被解雇的可能性；而当期业绩比较好但未来业绩预期比较差的公司则会利用可操控应计利润调低当期盈余，以备不时之需，减少将来被解雇的可能性。迪安基洛（DeAngelo，1988）对美国上市公司 1970～1983 年 86 个代理权竞争的案例进行研究，结果发现，在代理权竞争宣告日至股东大会召开日之间发布盈余信息的公司，其应计利润额呈显著增加的趋势，但经营现金流量却没有显著增加。这说明公司高管为保全其职位，在代理权竞争期间，会利用应计项目进行正向盈余管理。波尔西奥（Pourciau，1993）发现，非常规变更的离任 CEO 在离任前一年，并没有利用可操控应计项目或摊销项目操纵盈余；新任 CEO 在上任年份会利用应计项目和摊销项目进行利润调减，并将其责任归咎为前任 CEO；而在 CEO 变更后一年里，会利用应计项目和摊销项目调增盈余，以证实其经营才能强于前任 CEO。皮特维尔斯（Peter Wells，2002）则没有发现发生 CEO 变更的公司存在显著的应计项目盈余管理行为，他认为这可能是因为琼斯模型的解释力度不够。

　　国内对高管变更与盈余管理的关系进行研究的文献相对少见。杜兴强等（2010）实证检验了高管（董事长或总经理）变更和高管的继任来源两个因素对于盈余管理的影响。结果发现，高管变更导致了显著的负向盈余管理行为；其中来自公司外部的继任者相对于来自公司内部的继任者更倾向于进行显著的负向盈余管理。朱星文等（2010）研究发现，发生高级管理层变更的公司，高级管理人员变更的当年存在较严重的调减利润的盈余管理行为；如果该公司的控股股东是地方和中央政府部门所属国企或中央直属国企，则其调减利润的盈余管理行为可以得到一定程度的抑制；大股东的制衡度越大，公司盈余管理的幅度也将越小。虽然这两篇文章都研究发现高管变更当年上市公司存在着负向盈余管理现象，但这些文献都仅对变更当年进行研究，且他们和国外文献一样都只考虑了应计项目盈余管理。

七、监管动机

　　监管动机主要包括行业监管、反托拉斯监管和其他监管。在美国，政府实际上对所有的行业都有一定程度的监管，其中一些行业（如银行、保险和公用事业）的监管是直接与会计数据挂钩的。比如，银行业的规范要求银行必须满足一定的资本充足率。保险业的规范要求保险公司必须要符合最低财务质量标准。公用事业则一直被规定收费率并且只允许赚取其投入资产的正常的回报。通常认为，这种行业监管激发了管理层通过操控资产负债表和损益表的数据来应对监管的动机。比如，彼得罗尼（Petroni，1992）的研究结果表明，财力不足且具有监督风险的财产保险公司倾向于少提理赔损失准备。阿迪尔（Adiel，1996）对保险公司1980～1990年1294个年度数据进行了检验，发现这些年度数据中有1.5%存在通过再保险来避免违反行业监管规定的现象。

此外，公司在受到反托拉斯监管调查等不利的政治程序的影响时，也有动机进行盈余管理，使得公司呈现较低的盈利能力。基（Key，1997）对被调查的电视电报公司在调查期间的盈余管理行为进行了研究，发现样本公司在此期间比其他期间具有更多的负操控性应计利润，证实了盈余管理行为的存在性。卡恩（Cahan，1992）选取1970～1983年受反托拉斯监管调查的48个公司样本，指出，受到反托拉斯监管调查的公司在被调查当年报告了使收益减少的非预期应计项目。琼斯（Jones，1991）发现，在美国国际贸易委员会调查期间，被调查企业为调减收益而调整应计项目的金额，明显要比未进行调查的年份大得多。

第三章

真实活动盈余管理文献综述

如前所述，早期的盈余管理研究往往集中于研究企业的应计项目盈余管理行为（DeAngelo，1988；Healy，1985；Defond and Jiambalvo，1994；Jones，1991；Teoh，Welch and Wong，1998）。这种盈余管理模式主要指企业管理者通过会计政策选择或者会计估计变更等方式进行盈余操控，例如，销售收入与费用确认时点的选择；固定资产折旧年限与残值的估计、固定资产折旧方法的选择；无形资产摊销年限的估计；存货计价方法的选择；资产减值准备、预计负债的估计等。然而，近些年来，越来越多的文献发现，随着法律制度和会计准则的日臻完善、监管层监管力度的不断加强，上市公司利用应计项目进行盈余管理的空间越来越小，罗伊乔杜里（Roychowdhury，2006）、埃沃特和瓦根霍费尔（Ewert and Wagenhofer，2005）、科恩等（Cohen et al.，2008）以及藏（Zang，2006）等发现，越来越多的公司转而利用更加隐蔽的真实活动进行盈余管理。这些结论也得到布伦斯和莫茶特（Bruns and Merchant，1990）以及格雷厄姆、哈维和拉杰戈帕尔（2005）的支持。布伦斯和莫茶特（1990）通过对649位管理人员问卷调查，发现相比应计项目盈余管理，管理人员更倾向于操控真实活动，比如，期末异常促销、提供更为宽松的信用政策等。格雷厄姆、哈维和拉杰戈帕尔（2005）通过对401位财务高管的访谈调查发现，为了达到预定的盈余目标，管理层的确会操控真实经营活动。特别是，大约有80%的调查参与者指出，为了达到盈余目标他们会降低可操控性费用支出，如研发支出、广告支出以及维修费用等。55.3%的调查参与者指出，为了达到盈余目标他们会推迟新项目的启动时间，即使这种做法可能会带来一定程度的价值损失。

尽管近年来真实活动盈余管理方面的文献越来越多，但与应计项目盈余管理相比，真实活动盈余管理方面的文献仍然比较少见。现有文献对真实活动盈余管理的主要研究可大致归纳为如下三类：（1）关于真实活动盈余管理存在与否的实证研究；（2）真实活动盈余管理会导致什么经济后果；（3）如何约束、治理真实活动盈余管理。本章将从这几方面对相关文献进行梳理和评述。

第一节　真实活动盈余管理的经验证据

可能是受制于真实活动盈余管理度量方式上的局限性，早期文献往往都是从真实活动盈余管理的某一种类型对真实活动盈余管理进行研究，尤其是以酌量性费用操控类文献最为丰富。比如本斯、纳加尔和王（Bens, Nagar and Wong, 2003）发现，公司为了降低员工行使股票期权带来的每股盈余降低会进行股票回购计划，而为了筹得股票回购所需的部分资金会削减公司的研究支出。巴托夫（Bartov, 1993）发现，一些公司会利用出售固定资产和交易性证券进行盈余管理。德肖和斯隆（Dechow and Sloan, 1991）研究发现，CEO 在任期内最后一年倾向于减少公司的研发支出，借以提高公司的短期盈余表现。布什（Bushee, 1998）研究发现，当公司有较少的机构投资者时，管理者会为了达到保盈目标而减少公司的研发支出。除了最常见的费用操控外，学者们发现，管理层还可能利用其他真实活动进行盈余操控，比如，提供销售折扣、放宽信用政策、过度生产、出售资产等方式。这些方面的文献如托马斯和张（Thomas and Zhang, 2002）发现，企业会利用过度生产来降低单位销售成本，进而达到提高当期利润的目的。杰克逊和威尔克松（Jackson and Wilcox, 2000）发现，管理者为了达到盈余目标倾向于在第四季度进行打折促销。

2006 年，罗伊乔杜里在已有文献的基础上，总结出销售操控、生产操控和费用操控的度量方式，并发现经理人为了避免亏损存在着利用销售折扣提高销售收入、过度生产降低单位销售成本、削减酌量性费用以提高企业利润的行为。同时罗伊乔杜里发现，一些证据表明经理人为了达到分析师预期，也会利用真实活动进行盈余管理。罗伊乔杜里的这篇文章极大程度地促进了真实活动盈余管理领域研究的繁荣。后来，该领域大部分的学者都参考罗伊乔杜里（2006）提供的销售操控、生产操控和费用操控的度量方法对真实活动盈余管理进行实证研究。

科恩和查诺文（Cohen and Zarowin，2010）首次将真实活动盈余管理纳入分析框架，对企业增发股票前后的应计项目盈余管理和真实活动盈余管理行为进行了研究。结果发现，企业在增发股票前后会同时利用应计项目盈余管理和真实活动盈余管理进行利润操控。而且企业会根据自身对应计项目盈余管理操控能力以及操控的成本，在应计项目盈余管理和真实活动盈余管理之间进行权衡，以选取最有利于自己的方式进行盈余操控。

藏（Zang，2006）研究发现，经理人对应计项目盈余管理和真实活动盈余管理的权衡取决于盈余管理的时机和相对成本。当应计项目盈余管理受到监管层对会计实务的高水平审查力度（萨班斯法案后）、有限的会计弹性（因以前年度的应计项目操控导致的）以及更短的经营周期等因素的制约时，企业会更多地使用真实活动盈余管理；而当真实活动盈余管理行为受到企业因在行业中处于竞争劣势、财务健康状况较为糟糕、有着更高比例的机构投资者以及更多直接税收后果（真实活动盈余管理会引起的）等因素的制约时，企业会更多地使用应计项目盈余管理。

科恩等（Cohen et al.，2008）研究发现，在萨班斯法案通过之前，美国公司的应计项目盈余管理行为逐年稳定增加，且这种增加股权激励比例显著正相关，但是在萨班斯法案实施后，这些公司的应计项目盈余管理却显著下降。与之相反的是，真实活动盈余管理在萨班斯法案实施后则显著上升。表明萨班斯法案实施后企业由应计项目盈余管理转向利用真实活动进行利润操控。科恩还发现，与萨班斯法案实施前相比，达标企业在萨班斯法案实施后更少使用应计项目盈余管理，同时更多地使用真实活动盈余管理。

米齐克和雅各布森（Mizik and Jacobson，2007）研究发现，面临增发的企业会同时利用真实活动和应计项目进行盈余管理以提高当期收益,从而促使股价上涨,进而帮助其顺利实施增发。而且米齐克和雅各布森发现,在盈余管理过程中企业更多地采取了真实活动盈余管理行为而非应计项目盈余管理行为。

至于国内文献方面,张俊瑞等(2008)选取我国 A 股市场的上市公司为研究对象,对比了微利公司和其他公司的异常经营现金净流量、异常可操控性费用和异常生产成本的差异,发现微利公司的异常经营现金净流量、异常可操控性费用均低于其他公司的对应水平,而异常生产成本则高于其他公司的对应水平,实证证明了微利公司有通过真实活动盈余管理实现保盈目标的行为。

李增福、郑友环和连玉君(2011)研究发现,增发企业同时存在应计项目盈余管理和真实活动盈余管理现象。其中,应计项目盈余管理会导致融资后公司业绩的短期下滑,而真实活动盈余管理则会引起公司业绩的长期下滑。相对而言,真实活动盈余管理是上市公司股权再融资之后业绩滑坡的主要原因。

李增福、董志强和连玉君(2011)以 2007 年所得税改革为背景研究了我国上市公司盈余管理方式的选择问题,结果发现,预期税率上升使公司更倾向于实施真实活动操控的盈余管理,预期税率下降会使公司更倾向于实施应计项目操控的盈余管理;国有控股、公司规模、债务对应计项目操控程度有显著负效应,对真实活动的盈余管理程度有显著正效应;管理层薪酬对负向的应计项目操控有负效应,对正向的应计项目操控和真实活动操控均具有显著的正效应。

李彬、张俊瑞和郭慧婷(2009)以真实活动操控的盈余管理为研究视角,以我国 A 股市场的上市公司为研究对象,在考虑行业特征对会计弹性影响的基础上,通过对比分析在不同的会计弹性下真实活动操控程度的差异,验证了会计弹性与真实活动操控程度之间存在此消彼长的关系,得出了会计弹性大的公司较少利用真实活动操控盈余,会计弹性小的公司则更多利用真实活动操控盈余的结论。

李婉丽等(2011)以高报盈余的重述公司为对象,通过分析盈余重述与真实活动盈余管理的关系后发现，与非重述公司相比，高报盈余的重述公司在财务报告发生错误的年度经营现金流较低、生产成本较高，表明重述公司利用真实经济活动正向调整了盈余。

林芳和冯丽丽（2012）研究发现，国有上市公司的管理层更青睐费用方面的真实活动盈余管理，而非国有企业的管理层倾向于应计项目盈余管理；两种盈余管理存在相互补充的关系。

叶康涛（2014）认为，战略差异越小的企业被外界的认知度越高，因此，企业内部的不正当行为不易隐藏。所以与应计盈余管理相比较，企业更愿意选择真实盈余管理。

刘畅（2022）研究发现，数字化转型提高了上市公司真实盈余管理水平。

从以上文献可以看出，现有研究更多主要是从资本市场动机的角度证实了管理层存在利用真实活动进行盈余管理的现象。

第二节　真实活动盈余管理的经济后果

现有文献对真实活动盈余管理的经济后果的研究主要从以下三个角度进行：（1）真实活动盈余管理对后期经营业绩的影响；（2）真实活动盈余管理对股权资本成本的影响；（3）真实活动盈余管理对外部审计的影响。其中以真实活动盈余管理对后期经营业绩影响的文献最为丰富。

一、真实活动盈余管理对后期经营业绩的影响

对真实活动盈余管理的后期经营业绩表现进行实证研究的文献相对较多，学者们的研究结论也相差较大。总的来说，可以将这些文献分为"消极论"和"积极论"两类。

（一）真实活动盈余管理"消极论"

甘尼（2005）对削减研发支出，削减销售、管理及行政费用，择机进行

固定资产出售，利用销售折扣、延长信用以增加当期销售收入或过度生产以降低单位销售成本四种真实活动盈余管理方式的经济后果进行了研究。结果发现，这四种真实活动盈余管理都会导致企业后期的资产收益率降低，除削减销售、管理及行政费用外的另外三种真实活动盈余管理方式都会导致经营现金净流量降低。总体而言，真实活动盈余管理会导致企业后期的经营业绩下滑。甘尼还对投资者和分析是否能够识别真实活动盈余管理的这些经济后果进行了实证研究，结果发现，投资者似乎能够识别企业削减销售、管理及行政费用，利用销售折扣、延长信用以增加当期销售收入或过度生产以降低单位销售成本这两种真实活动盈余管理方式的经济后果，但没有识别另外两种方式的经济后果。实证结果还显示，分析师能够识别四种真实活动盈余管理的经济后果。

科恩和查诺文（Cohen and Zarowin, 2008）研究发现，真实活动盈余管理导致的过度投资或者投资不足的程度都至少比应计项目盈余管理导致的过度投资或者投资不足的程度更大，表明真实活动盈余管理存在着重要的经济效应。此外，科恩和查诺文（Cohen and Zarowin, 2010）另一篇文献研究发现，进行股权再融资的公司其后续经营业绩与真实活动盈余管理的程度显著负相关。

莱格特等（Leggett et al., 2009）从企业层面的角度估计企业的异常酌量性费用水平，研究发现，真实活动盈余管理与公司未来的资产回报率及经营现金净流量负相关。莱格特等认为，已有研究之所以对真实活动盈余管理经济后果的研究结论不一致，可能部分原因在于对异常酌量性费用的度量使用了行业层面的模型。此外，米齐克和雅各布森（Mizik and Jacobson, 2007）研究发现，实施更多真实活动盈余管理的公司未来有更低的股票回报率。

李增福、郑友环和连玉君（2011）的发现也支持真实活动盈余管理的"消极论"。他们发现，应计项目盈余管理和真实活动盈余管理对上市公司后续经营业绩的影响效果存在明显差异，应计项目盈余管理会导致融资后公司业绩的短期下滑，而真实活动盈余管理则会引起公司业绩的长期下滑。相对而言，真实活动盈余管理是上市公司股权再融资之后业绩滑坡的主要原因。

（二）真实活动盈余管理"积极论"

甘尼（2010）研究发现，通过真实活动盈余管理以刚好达到盈余标准的企业，相比因没有进行利润操纵而未能盈余达标的企业，其未来业绩要高出0.01。此外，利用削减研发支出或销售、管理行政费用达到盈余标准的企业比因没有操纵盈余而错失盈余目标的企业有更高行业调整 ROA。表明企业的真实活动盈余管理行为并不是随机的，而是为了未来能有更好的业绩表现或者借以向市场传递企业未来美好前景的信号。管理层通过真实活动盈余管理达到某一阈值，可以提高公司的声誉和利益相关者对公司的信心，提高公司在债权人、供应商和顾客等利益相关者心中的信誉和声誉。另外，管理层通过真实活动盈余管理达到盈余预期可以提高股价，增强管理层满足利益相关者预期的信心以及避免诉讼，与顾客、供应商和（或）债权人的关系加强，声誉的提高给公司改善未来业绩提供了一定的空间，将使公司在未来运行得更好。

陈等（Chen et al.，2010）对企业为迎合分析师预期的盈余管理行为进行实证研究，结果发现，通过利用真实活动盈余管理达到盈利目标的企业其未来业绩表现要高于利用应计项目盈余管理达到盈利目标的企业，且不比未通过盈余管理而达到盈余目标的企业差。另外，陈等还发现，利用真实活动盈余管理达到盈余预期的企业其股权溢价显著高于利用应计项目盈余管理达到盈余预期的企业，但与没有进行盈余管理的企业没有显著区别。这些发现说明真实活动盈余管理行为给市场传递了积极的信号。

另外，泰勒和徐（Taylor and Xu，2010）的研究结论也显示真实活动盈余管理对未来经营业绩并未产生显著的负面影响。

二、真实活动盈余管理对股权资本成本的影响

吉姆和佐恩（Kim and Sohn，2009）对企业的真实活动盈余管理行为与股权资本成本之间的关系进行了研究，结果发现，股权资本成本与应计项目盈余管理和真实活动盈余管理的程度正相关，且后者的这种正相关关系显著

更强。表明这两种盈余管理方式都导致外部投资者使用的会计信息质量的恶化，且相比而言，真实活动盈余管理所导致的恶化程度更大。因此，市场对真实活动盈余管理要求的风险溢价也显著更高。

三、真实活动盈余管理与外部审计

吉姆和帕克（Kim and Park, 2009）对真实活动盈余管理是否会影响审计师的辞职进行了实证研究，结果发现，企业利用真实活动盈余管理的程度与审计师主动辞职的概率正相关。且这种关系在萨班斯法案通过之后以及盈余公告之后内部人是净卖家时更加显著。表明审计师会充分考虑真实活动盈余管理可能带来的潜在诉讼风险，进而对真实活动盈余管理程度更大的公司采取主动辞职（而非被解雇）的做法。

佐恩（Sohn, 2011）研究发现，审计师会充分考虑真实活动盈余管理可能带来的诉讼风险，从而对真实活动盈余管理程度更大的公司收取更高的审计费用；而且真实活动盈余管理与审计费用之间的关系比应计项目盈余管理与审计费用之间的关系更加强烈。

第三节　真实活动盈余管理治理研究

现有文献对真实活动盈余管理的治理问题进行探讨的文献非常少见。高、李和李（Goh, Lee and Lee, 2012）对大股东持股比例与真实活动盈余管理之间的关系进行了实证研究。虽然没有发现两者之间存在显著的相关关系，但发现在向上盈余管理动机一组中，随着大股东持股比例的增加真实活动盈余管理程度显著降低，表明大股东的持股比例越大，越能够在减少真实活动盈余管理上发挥正面作用。他们认为，这主要是因为大股东对正向盈余管理更敏感，正向盈余管理对未来业绩会有负面影响，而且大股东的这种正面效应只有在后经济危机时期才显著，表明经济危机促使大股东更加关注真实活动盈余管理的长期成本。

　　对真实活动盈余管理的治理问题，国内有一些文献进行了实证研究。姜英兵和王清莹（2011）对上市公司股权结构与真实活动盈余管理的关系进行了研究，结果发现，国家股、法人股、高管持股与真实活动盈余管理正相关；流通股与真实活动盈余管理负相关；第一大股东持股比例与真实活动盈余管理成"U"型关系。

　　林芳和许慧（2012）研究发现，股权制衡能在一定程度上有效地降低管理层在产品成本方面和可操纵性费用方面的真实交易盈余管理和整体调节利润的操纵程度。

　　孙刚（2012）以上市企业真实活动盈余管理作为研究切入点，系统检验了机构投资者持股受限与企业真实活动盈余管理幅度的关系。研究发现，交易动机较强的机构投资者持股比例与被投资企业真实活动盈余管理幅度呈显著的正相关关系，并且机构投资者持股未显著降低企业真实盈余操控行为发生的概率；监督动机较强的机构投资者持股比例与被投资企业真实活动盈余管理幅度和发生概率呈显著的负相关关系，并且机构投资者所持受限流通股比例与企业应计项目管理和真实活动盈余管理幅度均呈显著的负相关关系。较之于监督动机较强的机构投资者，交易动机较强的机构投资者持股较多的企业信息风险更高，也倾向于持有更多的现金资产来满足其流动性需求。

　　李增福、董志强和连玉君（2011）研究发现，国有控股、公司规模、债务对应计项目操控程度有显著负效应，对真实活动的盈余管理程度有显著正效应；管理层薪酬对负向的应计项目操控有负效应，对正向的应计项目操控和真实活动操控均具有显著的正效应。

第四节　本章小结

　　本章主要从真实活动盈余管理的经验证据、真实活动盈余管理的经济后果以及真实活动盈余管理的治理研究三个方面对真实活动盈余管理的相关文献进行归纳总结。总的来说，现有文献主要集中研究真实活动盈余管理存在性以及真实活动盈余管理经济后果的研究。可以看出，尽管有不少现有文献都证实了管理层存在利用真实活动进行盈余管理的现象，然而这些研究基本上都是从资本市场动机的角度（比如，为了避免亏损、为了 SEO、为了达到分析师预期等）进行实证研究的，缺少从高管变更、收益平滑、债务契约、高管薪酬契约等角度对真实活动盈余管理存在性进行实证研究的文献。因此，本书后面将主要从高管变更和收益平滑动机的角度对真实活动盈余管理进行研究。

另外，尽管真实活动盈余管理是否会导致企业长期价值受损，不同的学者提出了不同的看法。但可以肯定的是，真实活动盈余管理会导致企业的真实经营业绩与报表提供的会计信息脱节、扰乱资本市场的正常秩序，最终会误导投资者的决策行为、降低资本市场的配置效率。因此，无论是从维护投资者的利益角度出发，还是出于维护社会经济秩序，优化资源配置，促进经济持续、良性发展的考虑，都必须严加制约和取缔（沈烈和张西萍；2007）。但是，相比应计项目盈余管理，真实活动盈余管理更加隐蔽，它与企业的真实经营活动往往难以区分。这将给监管层及外部投资者对企业会计信息质量的判断带来很大的麻烦。因此，真实活动盈余管理的治理问题将是本书研究的另一个重点。

| 第四章 |

高管变更与盈余管理

第一节　引　　言

高管变更与盈余管理的关系历来是盈余管理领域中的一个焦点问题。早在20世纪70年代莫罗（Moore，1973）就研究发现，新上任的CEO有着强烈的动机在上任当年进行负向盈余管理，并把公司糟糕的业绩表现归咎于前任CEO。后来国外众多文献在莫罗（1973）的基础上进行了拓展，其中包括威尔斯（Wells，2002）、德安吉洛（DeAngelo，1988）、德肖和斯隆（1991）、波尔西奥（Pourciau，1993）等都对高管变更前后的盈余管理行为进行了研究。但这些研究有一个共同特点，即它们都只考虑高管变更与应计项目盈余管理之间的关系。而国内对高管变更与盈余管理关系进行研究的文献则相对较少，仅有的文献和国外文献一样，都未能将真实活动盈余管理纳入分析框架。因此，本章我们感兴趣的问题是：在我国的制度背景下，发生总经理变更的上市公司，新任总经理上任后是否会同时使用应计项目及真实活动进行盈余管理？总经理变更当年，如果董事长也发生变更，对新任总经理的盈余管理行为又会有何影响？

本章我们以沪深A股上市公司2005～2010年数据为样本对以上问题进行实证检验。结果发现，我国上市公司高管变更与盈余管理之间存在显著的相关性。新任高管不仅会利用应计项目这种相对"温和"的方式进行盈余管理,而且还会利用真实活动这种"损公利己"的方式进行盈余管理。本章的结论具有较强的实践意义。会计准则的完善减少了上市公司利用会计手段进行盈余管理的空间,却同时促使上市公司转向利用真实活动进行盈余管理。因此,缩小上市公司的盈余管理空间不能只关注对具体盈余操控手段的取缔,还应同时关注如何减少其盈余管理的动机。具体来说,对高管的业绩评价不能仅以会计盈余指标为基础,还应注重股东财富的最大化。同时,应加快股权激励制度的推行、加强上市公司的信息披露管理并提高第三方审计的独立性。另外,对发生高管变更的上市公司,特别是变更当年发生大量亏损而后迅速扭亏为盈的上市公司应加强监督。

第二节　理论分析与假设提出

范希尔(Vancil, 1987)认为,几乎每一个新任 CEO 在上任后都将面临 3 个最主要的任务:(1)管理好自身团队及董事会的期望;(2)在任期内主导公司的战略目标;(3)在任期第一年或者第二年通过达到一个初始的、实际的业绩目标以在公司各集团内部建立起自信。因此,为了管理好自身团队以及达到业绩目标,新任 CEO 通常会在上任当年利用应计项目进行负向盈余管理。首先,该年度新任 CEO 在职时间短,股东和董事会通常对其作为不会抱有太高的预期,这便使其进行负向盈余管理成为可能。其次,CEO 变更年度属于盈余贡献归属比较模糊的年度,新任 CEO 在该年度进行负向盈余管理,可以将公司糟糕的业绩表现归咎于前任 CEO,同时还可以降低公司业绩起点,利于自己"轻装上阵"。最后,应计利润具有反转性的特点,操控应计利润只会改变盈余在不同会计期间的分布,而不会改变公司各期间的盈余总额。新任 CEO 在该年度利用应计项目进行负向盈余管理最根本的目的是把当期的收益储备起来,以挪到后期占为己用,为自己将来对公司业绩提升作出贡献提前做好准备。总的来说,这种操控方式一则可以降低公司业绩起点，利于自己"轻装上阵"；二则对公司价值伤害不大，新任 CEO 只是把该年度的收益挪到后期占为己用而已；三则操控便利，只需在年底通过会计手段即可完成。可以说这对新任 CEO 来说有着"一举多得"的好处。已有文献如斯特朗和迈耶（1987）、波尔西奥（1993）等都证实了新任 CEO 在上任当年存在利用应计项目调减利润的盈余管理行为。基于以上分析，我们提出如下假设：

假设一：在总经理（相当于国外的 CEO）变更当年，上市公司存在利用应计项目调减利润的盈余管理行为。

如前所述，随着法律制度与会计准则的日臻完善，越来越多的上市公司开始利用真实活动进行盈余管理。然而，这并不意味着新任 CEO 在上任当年也会利用真实活动进行盈余管理。首先，新任 CEO 上任年度属于盈余贡献归属比较模糊的年度，新任 CEO 如果在该年度利用真实活动正向盈余管理，对他来说没有好处（因为这些盈余也可能会归功于前任 CEO）。其次，新任 CEO 在该年度也不大可能利用真实活动负向盈余管理。这是因为，大多数真实活动盈余管理的操控手段（费用操控除外）通常并不适用于负向盈余管理，比如，销售操控、生产操控、固定资产出售等。新任 CEO 如果在该年度利用这些真实活动盈余管理手段进行负向盈余管理，其造成的损失通常并不会在将来"反转"。比如，提高售价，往往只会造成产品滞销，市场份额被侵占，这种盈余损失并不会在将来"反转"，这意味着新任 CEO 难以通过这种方式得到利润"反转"的好处。综上所述，新任 CEO 在上任当年利用真实活动进行盈余管理往往只会"损公不利己"。当然，不能排除的是，新任 CEO 在上任当年有可能会利用费用操控这种手段进行负向盈余管理。但是，真实活动盈余管理的特点决定了这种现象在该年度可能并不会显著。因为相比应计项目盈余管理，真实活动盈余管理的操作过程往往更加复杂、周期也更长，同时往往也需要更多部门相关人员的配合。新任 CEO 在该年度就任时间短，人际关系、工作经验、能力等都会受到一定的限制。因此，新任 CEO 在上任当年利用费用操控进行负向盈余管理会受到较大程度的限制。综上所述，我们提出如下假设：

假设二：在总经理变更当年，上市公司不存在显著的利用真实活动的盈余管理行为。

范希尔（1987）指出，新任 CEO 上任后通常面临的最主要任务之一是，在任期第一年或者第二年通过达到一个初始的、实际的业绩目标以在公司各集团内部建立起自信。这是因为，通常而言，新任 CEO 上任之后的第一个完整会计年度以及第二个完整会计年度，往往是股东和董事会考核其自身能力与表现的重要时候。换句话说，新任 CEO 是否有能力经营好公司、作出比离任 CEO 更好的业绩，这段时间的表现将至关重要。新任 CEO 的薪酬以及其是否能够坐稳自身的位置将很大程度上取决于这两年的表现。因此，新任 CEO 在这两年往往有着强烈的动机调高盈余以证实其经营才能强于前任 CEO。德安吉洛（1988）、波尔西奥（1993）等都证实了新任 CEO 在上任后第二年会利用应计项目进行利润调增的盈余管理行为，以证实其经营才能强于前任 CEO。我国学者朱红军（2002）发现，高管人员的更换并没有在根本上改变公司的经营业绩，它仅给企业带来了较为严重的盈余管理。基于以上分析，我们提出如下假设：

假设三：在新任总经理上任之后的第一个、第二个完整会计年度，上市公司存在利用应计项目调增利润的盈余管理行为。

但是利用应计项目调增利润的额度毕竟有限。更何况，随着法律制度与会计准则的持续完善，利用应计项目进行盈余管理的空间已经越来越小。那么新任 CEO 在这两个年度会利用真实活动正向盈余管理吗？我们认为，这是有可能的。因为新任 CEO 在这两个会计年度利用真实活动正向盈余管理虽会"损公"却可"利己"。具体来说，该期间属于盈余贡献归属比较明确的期间（只会归功于新任 CEO，不像变更当年也可能归功于前任 CEO）。新任 CEO 在该期间利用真实活动正向盈余管理虽然可能会伤害公司的长期价值，但却能提高公司的当期盈余，利于其自身价值的证明。因此，这对于急于做出成绩以巩固自身位置以及希望通过业绩提升以增加自身薪酬谈判条件的新任 CEO 来说，无疑是个不错的选择。杜兴强等（2007）指出，由于我国董事会或薪酬委员制定高层管理当局薪酬时往往只对会计盈余指标有所关注，而并不强调股东财富的变化，这导致了高层管理当局更加注重公司的短期表现，而忽视了公司的长期价值。况且，相比刚上任当年，新任 CEO 此时主导公司业务的时间足够长，其人际关系、工作经验、能力等都更加成熟，具备了实施真实活动盈余管理的条件和能力。基于以上分析，我们提出如下假设：

假设四：在新任总经理上任之后的第一个、第二个完整会计年度，上市公司存在利用真实活动调增利润的盈余管理行为。

CEO 变更当年，如果董事长也发生变更，则上市公司的盈余管理的程度很可能会更大。因为新任董事长也有着盈余管理的动机，这可能会导致新任 CEO 在盈余管理时受到的阻力大为减少。当然，国内不少上市公司存在总经理和董事长两职兼任的情况，而两职兼任意味着其个人利益以及权力更为集中化。因此，为了更深入地分析这个问题，有必要区分不同的情形，并分别进行说明。

第一，如果 CEO 变更当年，董事长没有变更，且新任 CEO 由新人担任，那么新任 CEO 盈余管理的程度必将小于 CEO 和董事长同时变更的情形。因为，新任 CEO 此时进行盈余管理很可能会遭到在任老董事长的反对，毕竟新任 CEO 的盈余管理行为会给其个人形象带来极大的负面影响。第二，如果 CEO 变更当年，董事长没有变更，且新任 CEO 由老董事长兼任，则此时新任 CEO 盈余管理的能力显著加强（两权合一），但同时其盈余管理动机也会受到一定程度的抑制。因为他除了是公司的新任 CEO 外，同时还一直是公司的董事长。如果他进行过分的"洗大澡"工作，自己也脱不了干系，这同样会给其个人形象带来极大的负面影响。因此，在这种情形下，新任 CEO 盈余管理的程度同样会小于 CEO 与董事长同时变更的情形。第三，如果总经理变更当年，董事长也发生变更，且新任总经理与新任董事长由同一人担任，则新任 CEO（同时也是董事长）盈余管理的能力显著加强，同时其盈余管理动机也不会像第一种、第二种情况会受到未变更老董事长的反对。因此，相比只有总经理发生变更的情形其盈余管理程度必然更大。第四，如果总经理变更当年，董事长也发生变更，且新任总经理和新任董事长由不同的人员担任。则这与第三种情况并不会有太大的区别。新任董事长与新任总经理都存在盈余管理的动机，他们都希望在上任后作出业绩，以在公司内部建立起自信。因此，他们完全有可能在盈余管理上形成默契，从而使得其盈余管理的能力和动机加强。因而，即使新任总经理与新任董事长由不同的人担任，上市公司的盈余管理程度也会大于只有总经理变更，而董事长未变更的情形。退一步讲，即使此时新任董事长反对新任总经理进行盈余管理，但由于其在任时间短，工作能力、经验以及人际关系等相比未发生变更的老董事长要更弱（Wilson，2010）。因而，新任董事长发现并阻止新任总经理进行盈余管理的可能性相比老董事长要更弱。综上所述，如果总经理变更当年，董事长也发生变更，则上市公司的盈余管理程度会更大。基于以上分析，我们提出如下假设：

假设五：在总经理变更当年，如果董事长也发生变更，则上市公司利用应计项目调减利润的程度更大。

假设六：在总经理变更当年，如果董事长也发生变更，则上市公司在新任总经理和新任董事长上任之后的第一个、第二个完整会计年度利用应计项目和真实活动调增利润的程度更大。

第三节　研究设计

一、研究数据

本章以我国沪深 A 股上市公司 2005～2010 年数据为样本，主要数据来源于 CCER 经济研究数据库。其中我们剔除了整个金融行业，删掉了数据缺失或者股东权益为负的样本，然后再删掉当年度总经理或董事长变更情况不详的公司样本。最终得到 5798 个样本观测值。其中发生总经理变更的共有 1216 个观测值，未发生总经理变更的共有 4582 个观测值；发生董事长变更的共有 949 个，未发生董事长变更的共有 4849 个。对于发生总经理（董事长）变更的公司，如果后续年度再度发生变更，则当对它们进行后续年度检验时，要先删掉再次发生变更的样本。因为它们只能用于检验变更当年的盈余管理情形。具体处理过程如表 4-1 所示。

表 4 - 1	样本筛选过程	单位：个
总样本	5798	
	总经理变更样本	董事长变更样本
变更当年	1216	949
总经理变更后第一个、第二个完整会计年度总样本	2176	
减去：总经理变更后第一个完整会计年度再度发生变更样本	256	
减去：总经理变更后第二个完整会计年度再度发生变更样本	195	
总经理变更后第一个、第二个完整会计年度最终样本	1725	
董事长变更后第一个、第二个完整会计年度总样本		1694
减去：因总经理后续年度再变更而被删除样本		261
董事长变更后第一个、第二个完整会计年度总样本		1433
减去：董事长变更后第一个完整会计年度再度发生变更样本		137
减去：董事长变更后第二个完整会计年度再度发生变更样本		96
董事长变更后第一个、第二个完整会计年度最终样本		1200

二、应计项目盈余管理的度量

德肖（Dechow，1995）以及瓜伊（Guay，1996）指出，修正的琼斯模型是度量应计项目盈余管理的最有力模型。因此，本章利用修正琼斯模型计算出来的可操控应计利润来度量应计项目盈余管理，具体如下：

$$\frac{TA_t}{A_{t-1}} = \beta_0 + \beta_1 \times \frac{1}{A_{t-1}} + \beta_2 \times \frac{\Delta S_t - \Delta REC_t}{A_{t-1}} + \beta_3 \times \frac{PPE_t}{A_{t-1}} + \varepsilon_t \quad (4-1)$$

其中，TA_t 为 t 年的应计利润，$TA_t = NI_t - CFO_t$，其中 NI_t 为 t 年净利润，CFO_t 为 t 年经营现金净流量；

ΔS_t 为 t 年的主营业务收入与 t - 1 年的主营业务收入之差；

ΔREC_t 为 t 年的应收账款净额与 t - 1 年的应收账款净额之差；

PPE_t 为 t 年的固定资产净额。

$$\frac{NDA_t}{A_{t-1}} = \hat{\beta}_0 + \hat{\beta}_1 \times \frac{1}{A_{t-1}} + \hat{\beta}_2 \times \frac{\Delta S_t - \Delta REC_t}{A_{t-1}} + \hat{\beta}_3 \times \frac{PPE_t}{A_{t-1}} + \varepsilon_t \quad (4-2)$$

NDA_t 为非操控性应计利润的估计值。

$$DA_t = \frac{TA_t}{A_{t-1}} - \frac{NDA_t}{A_{t-1}} \qquad (4-3)$$

DA_t 为可操控性应计利润。

首先，利用式（4-1）分行业分年度 OLS 回归我们可以得到回归系数的估计值 $\hat{\beta}_0$、$\hat{\beta}_1$、$\hat{\beta}_2$、$\hat{\beta}_3$，然后利用式（4-2）求出应计利润总额的正常值，即不可操控应计利润。我们再利用式（4-3）便可求出经过年初总资产标准化处理后的可操控应计利润 DA（即式（4-1）的残差）。

三、真实活动盈余管理的度量

本章借鉴罗伊乔杜里（Roychowdhury，2006）的研究方法，利用销售操控、酌量性费用操控以及生产性操控三种方式来衡量真实活动盈余管理活动。过度生产虽然可以降低单位销售成本，但却使得总体成本与存货持有成本增加，因此，将导致生产总成本增加；削减酌量性费用将导致酌量性费用支出降低；销售操控和过度生产则会导致经营现金净流量降低。因此，当一家公司利用上述三种方式做大利润，它将会有更高的生产总成本、更低酌量性费用及更低的经营现金净流量。在扣除掉不可操控的正常部分后，将呈现为更高的异常生产成本、更低的异常酌量性费用、更低的异常经营现金净流量。三个指标的具体度量方法如下：

经营现金净流量 CFO 为本期销售额 S_t 与销售额变动 ΔS_t 的函数：

$$\frac{CFO_t}{A_{t-1}} = \beta_0 + \beta_1 \times \frac{1}{A_{t-1}} + \beta_2 \times \frac{S_t}{A_{t-1}} + \beta_3 \times \frac{\Delta S_t}{A_{t-1}} + \varepsilon_t \qquad (4-4)$$

产品总成本 PROD 等于产品销售成本与本期库存商品变动 ΔINV 之和，而产品销售成本为本期销售额 S_t 的函数，库存商品变动 ΔINV 为本期销售额变动 ΔS_t 及上期销售额变动 ΔS_{t-1} 的函数，因此：

$$\frac{PROD_t}{A_{t-1}} = \beta_0 + \beta_1 \times \frac{1}{A_{t-1}} + \beta_2 \times \frac{S_t}{A_{t-1}} + \beta_3 \times \frac{\Delta S_t}{A_{t-1}} + \beta_3 \times \frac{\Delta S_{t-1}}{A_{t-1}} + \varepsilon_t$$

$$(4-5)$$

酌量性费用支出 DISP 用销售费用与管理费用之和表示，国内上市公司将研发费用和广告费用汇总于销售费用和管理费用中：

$$\frac{DISP_t}{A_{t-1}} = \beta_0 + \beta_1 \times \frac{1}{A_{t-1}} + \beta_2 \times \frac{S_{t-1}}{A_{t-1}} + \varepsilon_t \qquad (4-6)$$

与可操控应计利润的计算方法相似，首先对式（4-4）~式（4-6）分行业分年度 OLS 回归，分别估计出各个式子的回归系数，其次求出其各年度的估计值。用各年度实际值减去各年度估计值，便可以求出上市公司的异常经营现金净流量（E_CFO）、异常酌量性费用（E_DISX）和异常生产成本（E_PROD）。同时借鉴藏（Zang，2012）、科恩和查诺文（2010）的做法，用 E_PROXY 衡量上市公司进行真实活动盈余管理的总量。上市公司在向上做大利润时会有更高的异常生产成本、更低的异常酌量性费用和更低的异常经营现金净流量，故本书定义真实活动盈余管理总量 E_PROXY ＝ E_PROD － E_CFO － E_DISP。

四、解释变量

本章的研究变量为 JL_t，t 代表各时间节点。同时参考罗伊乔杜里（2006）、科恩等（2008）以及李增福等（2011）的做法，控制其他可能影响盈余管理的因素。主要包括公司规模（LnA）、资产负债率（DEBT）、资产回报率（ROA）、盈余管理柔性（INVREC）、管理层持股比例（EXSHARE）、公司成长性（M_B）、股权性质（CON）等。另外，拉波塔（La Porta，1999）研究发现，股权集中度越高，财务报告的质量越低。大量研究表明，上市公司出于保盈需求、股权融资需求等动机会进行盈余管理。因此，本章还控制了第一大股东持股比例（FIRST），同时对存在保盈、增发、配股等动机的样本（SUSPECT）进行控制。需要说明的是，新任高管上任后可能会进行战略调整，而这种调整显然与其盈余管理行为有着显著的区别。为了避免该因素可能带来的影响，我们进行如下改进或说明：（1）新任高管上任后如果公司行业性质发生了改变，则基本上可以说明新任高管进行了战略上的调整。因此，我们在研究设计上控制高管变更当年及变更后一年行业性质发生变化的公司（CH_IND）。这样的公司共有 12 家，占发生高管变更公司总样本的 0.9%。（2）新任高管上任后如果在不转换主营业务的基础上进行经营战略调整，其结果必然会反映在管理效率上。为此，我们在本章模型中加入总资产周转率（ATO），以控制公司的管理效率。（3）本章各盈余管理变量均是在分行业分年度回归的基础上得到的，这在某种程度也能缓解该问题带来的担忧。（4）公司的战略调整往往会产生相对长期的影响；而盈余管理则只是短视化行为的体现，往往只会产生相对短期的影响。因此，我们将对高管变更后的第三个、第四个会计年度进行研究，以对比前两个年度的实证结论是否会在这两个年度继续存在。上述各变量的具体定义如表4-2所示。

表4-2　　　　　　　　　　　　变量定义

变量类型	变量名称	解释
因变量	E_CFO	异常经营现金净流量
	E_PROD	异常生产成本
	E_DISX	异常酌量性费用
	E_PROXY	真实活动盈余管理总量
	DA	可操控性应计利润
解释变量	JL_0	当年度发生总经理变更的样本取1，否则取0
	JL_{12}	总经理变更后的第一个、第二个完整会计年度的样本取1，否则取0
	DSZ_0	当年度发生董事长变更的样本取1，否则取0
	DSZ_{12}	董事长变更后的第一个、第二个完整会计年度的样本取1，否则取0
	JL_3	总经理变更后第三个完整会计年度的样本取1，否则取0
	JL_4	总经理变更后第四个完整会计年度的样本取1，否则取0
	LnA	资产规模
	DEBT	代表资产负债率＝（长期借款＋短期借款）/总资产
	M_B	代表企业的成长性，用资产市值比净值表示
	ROA	资产回报率
	EXSHARE	管理层持股比例
	CON	股权性质，国家控股取0，否则取1
	FIRST	第一大股东持股比例
	INVREC	代表盈余管理柔性，用存货和应收账款占总资产的比例表示
	ATO	总资产周转率
	SUSPECT	如果样本为保盈样本（ROA在0与0.01之间的样本）、增发或者配股样本取1，否则取0
	CH_IND	总经理变更当年或之后第一个会计年度行业性质发生改变的样本取1，否则取0

五、回归模型设计

$$DEP_t = \beta_0 + \beta_1 \times JL_t + \beta_2 \times LnA_t + \beta_3 \times DEBT_t + \beta_4 \times ROA_t + \beta_5 \times M\_B_t$$
$$+ \beta_6 \times EXSHARE_t + \beta_7 \times CON_t + \beta_8 \times FIRST_t + \beta_9 \times INVREC_t$$
$$+ \beta_{10} \times ATO_t + \beta_{11} \times SUSPECT + \beta_{12} \times CH\_IND + \sum \gamma_i \times Industry$$
$$+ \sum \delta_i \times Year + \varepsilon_t \qquad (4-7)$$

式（4-7）中，DEP 分别代表 DA、E_CFO、E_PROD、E_DISP、E_PROXY，JL_t 代表 JL_0、JL_{12}、JL_3、JL_4。该模型用于检验总经理变更与盈余管理的关系。

$$DEP_t = \beta_0 + \beta_1 \times JL_t + \beta_2 \times JL_t \times DSZ_t + \beta_3 \times LnA_t + \beta_4 \times DEBT_t$$
$$+ \beta_5 \times ROA_t + \beta_6 \times M\_B_t + \beta_7 \times EXSHARE_t + \beta_8 \times CON_t$$
$$+ \beta_9 \times FIRST_t + \beta_{10} \times INVREC_t + \beta_{11} \times ATO_t + \beta_{12} \times SUSPECT$$
$$+ \beta_{13} \times CH\_IND + \beta_{14} \times DSZ_t + \sum \gamma_i \times Industry$$
$$+ \sum \delta_i \times Year + \varepsilon_t \qquad (4-8)$$

式（4-8）中，DEP 分别代表 DA、E_PROXY，JL_t 代表 JL_0、JL_{12}，DSZ_t 代表 DSZ_0、DSZ_{12}。该模型用于检验董事长变更对总经理变更与盈余管理关系带来的影响。

第四节　实证结果分析

一、描述性统计

表4-3 中列示了各变量的描述性统计，其中应计项目盈余管理中 DA 的均值为 -0.0001，真实活动盈余管理中异常经营现金净流量 E_CFO 的均值为 -0.0011、异常生产成本 E_PROD 均值为 0.001、异常酌量性费用 E_DISX 均值为 -0.0004、真实活动盈余管理总量 E_PROXY 均值为 0.0021。样本公

司长期借款与短期借款 DEBT 占总资产的 21.97%。管理层持股比例 EX-SHARE 的均值为 0.0222。CON 的均值为 0.3425，表明我国大部分上市公司由国家控股，民营控股公司大约只占 1/3。INVREC 均值为 0.2559，表明平均而言，上市公司的存货和应收账款大约占总资产的 25.59%。

表 4-3   **样本描述性统计**

变量	观测值	均值	标准差	最小值	最大值
DA	5798	-0.0001	0.0945	-0.4773	0.6806
E_CFO	5395	-0.0011	0.0985	-0.6944	0.5077
E_PROD	5395	0.001	0.1527	-0.8078	1.6794
E_DISX	5798	-0.0004	0.076	-0.2352	0.646
E_PROXY	5395	0.0021	0.2572	-1.574	1.6549
JL	5798	0.2097	0.4071	0	1
LnA	5798	21.6533	1.156	18.641	28.673
DEBT	5798	0.2197	0.1481	0	0.8238
ROA	5798	0.0394	0.0738	-0.5251	1.4055
M_B	5798	1.6233	0.7893	0.2306	14.4621
EXSHARE	5798	0.0222	0.0946	0	2.6765
CON	5798	0.3425	0.4745	0	1
FIRST	5798	0.3676	0.1564	0.0256	0.8641
INVREC	5798	0.2559	0.1555	0.0002	0.9761
ATO	5798	0.7586	0.6171	0.0008	15.895
SUSPECT	5798	0.2462	0.4308	0	1
CH_IND	5798	0.0025	0.0508	0	1

表 4-4 中，我们统计了总经理变更样本各盈余管理变量的均值，并将其与未变更样本的盈余管理均值进行比较。可以看出，上市公司在发生总经理变更当年其可操控应计利润 DA 为负，而且显著低于未变更样本均值，表明上市公司在总经理变更当年存在利用应计项目调减利润的盈余管理行为，这支持了本章提出的假设一。至于真实活动盈余管理的四个指标 E_CFO、E_PROD、E_DISX、E_PROXY 中，只有 E_PROD 一个指标显著高于其他样本。表明总体而言，在总经理变更当年，上市公司不存在显著地利用真实活动进行盈余管理的行为。这基本支持了本章提出的假设二。

表 4 - 4 　　　　　　　　　　盈余管理变量差异性检验

变量		t = 0	t = 12
变量	JL$_t$ = 1	1216	1725
	JL$_t$ = 0	4582	3622
	总样本	5798	5347
DA	JL$_t$ = 1	- 0.00855	0.00644
	JL$_t$ = 0	0.00226	- 0.00200
	差异	- 0.01081 ***	0.00844 ***
	T 值（1 - 0）	- 3.4352	2.9623
E_CFO	JL$_t$ = 1	- 0.0016	- 0.00941
	JL$_t$ = 0	- 0.0010	0.00329
	差异（1 - 0）	- 0.0006	- 0.0127 ***
	T 值	- 0.1751	- 4.257
E_PROD	JL$_t$ = 1	0.0114	0.00944
	JL$_t$ = 0	- 0.0018	- 0.003655
	差异（1 - 0）	0.0132 **	0.01310 ***
	T 值	2.3637	2.7313
E_DISX	JL$_t$ = 1	- 0.0025	- 0.004339
	JL$_t$ = 0	0.0002	0.001035
	差异（1 - 0）	- 0.0027	- 0.005374 **
	T 值	- 1.0886	- 2.4128
E_PROXY	JL$_t$ = 1	0.0136	0.0237
	JL$_t$ = 0	- 0.00051	- 0.00847
	差异（1 - 0）	0.0141	0.03218 ***
	T 值	1.5535	4.0167

注：*** 表示在 1% 的水平上显著，** 表示在 5% 的水平上显著，t 为时间节点。

　　总经理变更后第一个、第二个完整会计年度，上市公司的可操控应计利润 DA 为正，而且显著大于其他样本均值，表明在新任总经理上任后的第一个、第二个完整会计年度，上市公司存在利用应计项目调增利润的盈余管理行为。这支持了本章的假设三。且相比其他样本，其异常经营现金净流量 E_CFO 显著更低、异常生产成本 E_PROD 显著更高、异常酌量性费用 E_DISX 显著更低、真实活动盈余管理总量 E_PROXY 显著更高，表明在新任总经理上任后的第一个、第二个完整会计年度，上市公司存在利用真实活动调增利润的盈余管理行为。这支持了本章提出的假设四。

在表4-5中，我们还列示了其余变量的差异性检验。从中可以看出，发生总经理变更的样本其成长性和盈利能力更差、管理层的持股比例也更低，第一大股东的持股比例则更高。

表4-5　　　　　　　　　　其他变量差异性检验

变量	JL = 0	JL = 1	差异	T 值
LnA	21. 66	21. 62	0. 037	0. 9989
DEBT	0. 2182	0. 2254	- 0. 0071	- 1. 4934
M_B	1. 6326	1. 5883	0. 0443 *	1. 7436
ROA	0. 0416	0. 0314	0. 010 ***	4. 2716
INVREC	0. 2567	0. 2529	0. 0038	0. 7611
ATO	0. 7613	0. 7482	0. 0131	0. 6611
EXSHARE	0. 0234	0. 0174	0. 006 **	1. 9882
CON	0. 3424	0. 3429	- 0. 0005	- 0. 0327
FIRST	0. 36536	0. 3764	- 0. 011 **	- 2. 1996
SUSPECT	0. 24	0. 2697	0. 01389 **	- 2. 1350
CH_IND	0. 0008	0. 009	0. 0025 ***	- 4. 9975

注：*** 表示在1%的水平上显著，** 表示在5%的水平上显著，* 表示在10%的水平上显著。

二、多元回归分析

表4-6报告了总经理变更与盈余管理关系的回归结果。其中，回归（1）中JL_0的系数显著为负，表明在总经理变更当年，上市公司存在利用应计项目调减利润的盈余管理行为。我们的发现支持了杜兴强等（2010）、朱星文等（2010）的研究结论。假设一得到验证。而回归（2）~回归（5）中JL_0的系数都不显著，表明总经理变更当年，上市公司不存在利用真实活动的盈余管理行为。假设二得到验证。由此可见，在我国的制度背景下，新任总经理在上任当年也倾向于进行"洗大澡"工作，而且他们只会利用应计项目进行负向盈余管理。这是因为对新任总经理来说，在该年度利用应计项目

负向盈余管理可以"一举多得";而该年度利用真实活动进行盈余管理却可能会"损公不利己"。

表 4 - 6 总经理变更与盈余管理

变量	(1)	(2)	(3)	(4)	(5)
	DA	E_CFO	E_PROD	E_DISX	E_PROXY
JL_0	- 0.00673 **	0.00291	0.00552	0.00124	- 0.000536
	(- 2.24)	(0.88)	(0.78)	(0.47)	(- 0.06)
LnA	- 0.00237 **	0.0000590	0.0124 ***	0.00151	0.0118 ***
	(- 2.21)	(0.04)	(3.95)	(1.01)	(2.81)
DEBT	0.0842 ***	- 0.103 ***	0.102 ***	- 0.0592 ***	0.260 ***
	(7.92)	(- 7.52)	(3.76)	(- 4.68)	(6.88)
ROA	0.476 ***	0.274 ***	- 0.609 ***	0.208 ***	- 1.107 ***
	(16.36)	(5.42)	(- 4.44)	(3.68)	(- 6.66)
M_B	- 0.00325 *	0.00286	- 0.0195 ***	0.00668 **	- 0.0286 ***
	(- 1.86)	(1.41)	(- 4.40)	(2.51)	(- 4.02)
EXSHARE	0.0401 ***	- 0.0310 **	- 0.0403	0.0155	- 0.0416
	(3.50)	(- 2.16)	(- 1.52)	(1.05)	(- 0.84)
CON	- 0.00386	0.00269	- 0.00354	- 0.000705	- 0.00648
	(- 1.39)	(0.92)	(- 0.71)	(- 0.29)	(- 0.82)
FIRST	0.0160 **	- 0.0130	0.0636 **	- 0.0440 ***	0.116 ***
	(1.96)	(- 1.41)	(3.08)	(- 5.53)	(4.12)
INVREC	0.139 ***	- 0.157 ***	0.207 ***	0.00693	0.349 ***
	(12.45)	(- 13.20)	(9.38)	(1.06)	(11.21)
ATO	- 0.0164 ***	- 0.00713	- 0.0318 **	0.00599	- 0.0281
	(- 6.17)	(- 1.22)	(- 2.18)	(0.77)	(- 1.49)
SUSPECT	0.00555 *	- 0.00768 **	0.0292 ***	- 0.00847 ***	0.0480 ***
	(1.86)	(- 2.51)	(5.26)	(- 4.15)	(5.98)
CH_IND	0.0160	- 0.0427 **	- 0.0245	- 0.0209 *	0.0359
	(0.79)	(- 2.13)	(- 0.85)	(- 1.71)	(0.72)
_cons	- 0.00935	0.0563 *	- 0.295 ***	- 0.0275	- 0.344 ***
	(- 0.39)	(1.88)	(- 4.76)	(- 0.95)	(- 3.99)
N	5798	5798	5395	5798	5395
Adj - R²	0.1548	0.1428	0.1931	0.0942	0.2176

注:括号内为 t 值,*** 代表在 1% 的水平上显著,** 代表在 5% 的水平上显著,* 代表在 10% 的水平上显著。

　　控制变量方面，公司规模（LnA）在 DA 模型中显著为负，在 E_PROXY 模型中显著为正，这与李增福等（2011）的发现类似。但他们并没有解释导致这一现象的原因。本章认为，这可能是因为大公司来自资本市场的压力更大，因此，更有动机进行盈余管理（Richardson et al.，2002）。但是，大公司又经常被要求公开披露公司信息，其公司治理结构也比较完善（Choi and Lee，2003）。因此，大公司更倾向于选择具有更强隐蔽性的真实活动进行盈余操控。管理层持股比例（EXSHARE）和资产回报率（ROA）在 DA 模型中显著为正，在 E_PROXY 模型中为负。这与科恩等（2008）、李增福等（2011）的发现一致。科恩等（2008）认为，这可能是由于 DA 与 E_PROXY 之间存在着替代关系而造成的。相比应计项目盈余管理，真实活动盈余管理给企业带来的伤害往往更大。因此，管理层持股比例越大、盈利能力越大的公司，越倾向于选择相对"温和"的应计项目进行利润操控。其余变量在 DA 模型和 E_PROXY 模型中回归结果则比较一致。资产负债率（DEBT）在两个模型中系数都显著为正，表明企业负债比率越高，越可能进行激进的盈余管理行为。债务契约理论认为，有着更多外部借款契约的公司如果亏损往往将会引起外部债务契约变紧，比如，债务期限缩短、后续贷款利率提升、后续贷款供应中断等问题。因此，有着更多外部负债的公司更有动机进行盈余管理。盈余管理柔性（INVREC）在两个模型中系数都显著为正，这与罗伊乔杜里（2006）回归结果一致。表明有着更高库存率以及更多采用应收账款销售的公司，更可能进行盈余管理。第一大股东持股比例（FIRST）系数在两个模型中都显著为正，表明第一股东持股比例越高，越可能进行盈余管理。成长性（M_B）在两个模型中都显著为负，表明成长性越高的企业，越不可能进行盈余管理，这与高等（Goh et al.，2012）的发现一致。SUSPECT 在两个模型中都显著为正，表明保盈公司、增发配股公司存在着显著的盈余管理行为。这一结论支持了罗伊乔杜里（2006）、科恩等（2008）的研究结论。资产周转率（ATO）在两种模型中都显著为负，表明管理效率越高，越不可能进行盈余管理。

　　表 4-7 报告了总经理变更后第一个、第二个完整会计年度 JL_{12} 与盈余管理关系的回归结果。其中，回归（1）中 JL_{12} 的系数为正，且在 1% 的水平上显著，表明新任总经理在上任后的第一个、第二个完整会计年度，上市公司

显著存在着利用应计项目调增利润的盈余管理行为。假设三得证。回归（2）中 JL_{12} 的系数为负、回归（3）中 JL_{12} 的系数为正、回归（4）中 JL_{12} 的系数为负、回归（5）中 JL_{12} 的系数为正，方向均与预期相符。且其中除了回归（4）的系数只在5%的水平上显著外，其他回归系数都在1%的水平上显著，表明在总经理变更后第一个、第二个完整会计年度，上市公司呈现出更低的异常经营现金净流量、更高的异常生产成本、更低的异常酌量费用支出以及更高的真实活动盈余管理总量，即上市公司在这两个会计年度利用真实活动进行了利润调增。这与本章假设四的预期一致。至于控制变量，其结果与表4-6基本一致，在此不再详述。

表4-7　　总经理变更后第一个、第二个完整会计年度与盈余管理

变量	(1) DA	(2) E_CFO	(3) E_PROD	(4) E_DISX	(5) E_PROXY
JL_{12}	0.0109 *** (3.99)	-0.0105 *** (-3.72)	0.0107 *** (2.60)	-0.00434 ** (-2.05)	0.0276 *** (3.86)
LnA	-0.00191 * (-1.68)	-0.00119 (-0.94)	0.00942 *** (4.22)	0.00307 *** (3.12)	0.00858 ** (2.49)
DEBT	0.0864 *** (7.57)	-0.0964 *** (-7.67)	0.133 *** (6.56)	-0.0718 *** (-9.36)	0.299 *** (9.17)
ROA	0.482 *** (15.27)	0.311 *** (7.64)	-0.516 *** (-4.71)	0.162 *** (5.61)	-1.002 *** (-7.42)
M_B	-0.00332 * (-1.85)	0.00182 (0.94)	-0.0221 *** (-5.37)	0.00822 *** (3.25)	-0.0317 *** (-4.55)
EXSHARE	0.0405 *** (3.63)	-0.0379 *** (-2.82)	-0.0446 * (-1.84)	0.0181 (1.27)	-0.0452 (-0.93)
CON	-0.00499 * (-1.74)	0.00370 (1.26)	-0.00832 * (-1.80)	-0.000212 (-0.09)	-0.0129 (-1.66)
FIRST	0.0125 (1.50)	-0.0145 (-1.65)	0.0425 ** (2.31)	-0.0393 *** (-6.00)	0.0904 *** (3.50)
INVREC	0.141 *** (11.92)	-0.163 *** (-13.16)	0.194 *** (9.32)	0.0111 * (1.83)	0.339 *** (11.01)
ATO	-0.0164 *** (-5.52)	-0.0000679 (-0.02)	-0.0159 ** (-2.34)	-0.00265 (-0.76)	-0.0102 (-0.84)

变量	（1）	（2）	（3）	（4）	（5）
	DA	E_CFO	E_PROD	E_DISX	E_PROXY
SUSPECT	0.00745 **	− 0.00961 ***	0.0287 ***	− 0.00919 ***	0.0504 ***
	（2.41）	（− 3.01）	（4.95）	（− 4.41）	（6.10）
CH_IND	0.00896	− 0.0442	0.000838	− 0.0315 ***	0.0696
	（0.29）	（− 1.60）	（0.02）	（− 2.56）	（0.93）
_cons	− 0.0235	0.0832 ***	− 0.238 ***	− 0.0545 **	− 0.290 ***
	（− 0.94）	（3.00）	（− 5.01）	（− 2.51）	（− 3.85）
N	5347	5347	4969	5347	4969
Adj − R^2	0.1516	0.1549	0.1738	0.0834	0.2089

注：括号内为 t 值，*** 代表在1%的水平上显著、** 代表在5%的水平上显著、* 代表在10%的水平上显著。

表4-8和表4-9报告了董事长变更对总经理变更与盈余管理关系的影响的回归结果，$DSZ_t = 0$ 代表了董事长未变更样本，$DSZ_t = 1$ 代表了董事长变更样本。其中，表4-8回归（1）中 JL_0 的系数（t 值）为 − 0.0018（− 0.52），t 值不显著；回归（2）中 JL_0 的系数（t 值）为 − 0.0152（− 2.49），在5%的水平上显著。显然，回归（2）中 JL_0 的系数要更小，表明在总经理变更当年，如果董事长也发生变更，则上市公司在变更当年利用应计项目进行负向盈余管理的程度更大、更显著。回归（3）中交叉变量 $DSZ_0 \times JL_0$ 的系数显著为负，进一步表明如果董事长也发生变更，则上市公司在总经理变更当年利用应计项目负向盈余管理的程度更大。假设五得到验证。回归（4）~回归（6）的系数则都不显著。

表4-8　　　　　　　　董事长变更、总经理变更与盈余管理

变量	DA			E_PROXY		
	（1）	（2）	（3）	（4）	（5）	（6）
	$DSZ_0 = 0$	$DSZ_0 = 1$	全样本	$DSZ_0 = 0$	$DSZ_0 = 1$	全样本
JL_0	− 0.0018	− 0.0152 **	− 0.00190	− 0.00181	− 0.00135	− 0.000810
	（− 0.52）	（− 2.49）	（− 0.54）	（− 0.16）	（− 0.08）	（− 0.07）
$DSZ_0 \times JL_0$			− 0.0133 *			− 0.00524
			（− 1.92）			（− 0.25）

续表

变量	DA			E_PROXY		
	（1）	（2）	（3）	（4）	（5）	（6）
	$DSZ_0 = 0$	$DSZ_0 = 1$	全样本	$DSZ_0 = 0$	$DSZ_0 = 1$	全样本
LnA	−0.00233 **	−0.00307	−0.00243 **	0.0127 ***	0.00785	0.0119 ***
	（−2.00）	（−1.13）	（−2.27）	（3.01）	（0.87）	（2.82）
DEBT	0.0930 ***	0.0454 **	0.0845 ***	0.270 ***	0.256 ***	0.260 ***
	（7.82）	（2.00）	（7.95）	（6.99）	（3.22）	（6.87）
ROA	0.470 ***	0.479 ***	0.474 ***	−1.280 ***	−0.418	−1.105 ***
	（15.49）	（5.92）	（16.24）	（−7.76）	（−1.32）	（−6.63）
M_B	−0.00265	−0.00510	−0.00319 *	−0.0275 ***	−0.0277 **	−0.0287 ***
	（−1.35）	（−1.32）	（−1.82）	（−3.42）	（−2.03）	（−4.03）
EXSHARE	0.0410 ***	0.00906	0.0387 ***	0.0127	−0.646 **	−0.0403
	（3.53）	（0.14）	（3.38）	（0.28）	（−2.34）	（−0.82）
CON	−0.00459	−0.00107	−0.00398	−0.0130	0.0338	−0.00609
	（−1.53）	（−0.15）	（−1.43）	（−1.57）	（1.49）	（−0.77）
FIRST	0.0135	0.0287	0.0161 **	0.102 ***	0.154 *	0.116 ***
	（1.61）	（1.14）	（1.97）	（3.67）	（1.84）	（4.12）
INVREC	0.140 ***	0.128 ***	0.138 ***	0.312 ***	0.510 ***	0.349 ***
	（11.19）	（5.46）	（12.42）	（9.59）	（6.15）	（11.19）
ATO	−0.0174 ***	−0.0108	−0.0164 ***	−0.0336 *	0.00826	−0.0281
	（−6.03）	（−1.64）	（−6.18）	（−1.74）	（0.26）	（−1.49）
SUSPECT	0.00491	0.00937	0.00574 *	0.0450 ***	0.0435 **	0.0478 ***
	（1.52）	（1.33）	（1.93）	（5.14）	（2.10）	（5.96）
CH_IND	0.0131	0.0235 **	0.0152	0.0696	−0.0535	0.0363
	（0.52）	（2.40）	（0.75）	（1.30）	（−1.63）	（0.73）
DSZ_0			−0.00128			0.00916
			（−0.32）			（0.78）
_cons	−0.0108	0.00910	−0.00763	−0.340 ***	−0.356 *	−0.346 ***
	（−0.42）	（0.15）	（−0.32）	（−3.91）	（−1.78）	（−4.01）
N	4849	949	5798	4484	911	5395
$Adj - R^2$	0.1492	0.1787	0.1559	0.2461	0.1645	0.2177

注：括号内为 t 值，*** 代表在1%的水平上显著、** 代表在5%的水平上显著、* 代表在10%的水平上显著。

表 4 – 9 的回归结果显示，回归（1）中 JL_{12} 的系数（t 值）为 0.0074（2.39），在 5% 的水平上显著；回归（2）中 JL_{12} 的系数（t 值）为 0.0218（3.69），在 1% 的水平上显著。显然回归（2）中 JL_{12} 的系数更大，表明总经理变更当年，如果董事长也发生变更，则上市公司在新任总经理上任后第一个、第二个完整会计年度利用应计项目调增利润的程度更大、更显著。回归（3）中交叉变量 $DSZ_{12} \times JL_{12}$ 的系数显著为正，进一步支持我们的结论。回归（4）中 JL_{12} 的系数（t 值）为 0.0221（2.69），在 1% 的水平上显著；回归（5）中 JL_{12} 的系数（t 值）为 0.0444（3.03），在 1% 的水平上显著。显然回归（5）中 JL_{12} 的系数更大，表明总经理变更当年，如果董事长也发生变更，则上市公司在新任总经理在上任后第一个、第二个完整会计年度利用真实活动调增利润的程度更大。回归（6）中交叉变量 $DSZ_{12} \times JL_{12}$ 的系数虽然不显著，但符号为正，这在某种程度上进一步支持了我们的结论。综上所述，假设六得证。

表 4 – 9　　　　　　董事长变更、总经理变更后第一个、第二个
完整会计年度与盈余管理

变量	DA			E_PROXY		
	（1）	（2）	（3）	（4）	（5）	（6）
	$DSZ_{12}=0$	$DSZ_{12}=1$	全样本	$DSZ_{12}=0$	$DSZ_{12}=1$	全样本
JL_{12}	0.0074 **	0.0218 ***	0.00742 **	0.0221 ***	0.0444 ***	0.0228 ***
	(2.39)	(3.69)	(2.40)	(2.69)	(3.03)	(2.76)
$DSZ_{12} \times JL_{12}$			0.0141 **			0.0230
			(2.07)			(1.33)
LnA	– 0.00147	– 0.00335	– 0.00196 *	0.00940 **	0.00504	0.00766 **
	(– 1.09)	(– 1.45)	(– 1.69)	(2.50)	(0.77)	(2.20)
DEBT	0.0828 ***	0.103 ***	0.0880 ***	0.271 ***	0.411 ***	0.305 ***
	(7.08)	(3.19)	(7.48)	(8.49)	(4.86)	(9.08)
ROA	0.462 ***	0.522 ***	0.478 ***	– 1.251 ***	– 0.385	– 1.013 ***
	(13.24)	(6.84)	(14.63)	(– 8.65)	(– 1.49)	(– 7.19)
M_B	– 0.00405 **	– 0.00191	– 0.00363 **	– 0.0329 ***	– 0.0246 *	– 0.0333 ***
	(– 2.00)	(– 0.45)	(– 1.96)	(– 3.90)	(– 1.84)	(– 4.54)

变量	DA			E_PROXY		
	(1)	(2)	(3)	(4)	(5)	(6)
	$DSZ_{12}=0$	$DSZ_{12}=1$	全样本	$DSZ_{12}=0$	$DSZ_{12}=1$	全样本
EXSHARE	0.0413***	0.0377	0.0416***	0.0317	-0.447*	-0.0170
	(3.61)	(0.78)	(3.74)	(0.79)	(-1.95)	(-0.39)
CON	-0.00381	-0.0106	-0.00530*	-0.0139	-0.00968	-0.0148*
	(-1.19)	(-1.53)	(-1.82)	(-1.53)	(-0.59)	(-1.89)
FIRST	0.00396	0.0349*	0.0119	0.0730**	0.105**	0.0848***
	(0.42)	(1.82)	(1.40)	(2.46)	(2.07)	(3.27)
INVREC	0.139***	0.153***	0.142***	0.296***	0.437***	0.324***
	(11.71)	(4.31)	(11.65)	(9.96)	(4.93)	(10.46)
ATO	-0.0195***	-0.00982*	-0.0166***	-0.0245*	0.0281	-0.00896
	(-5.40)	(-1.95)	(-5.48)	(-1.87)	(1.33)	(-0.73)
SUSPECT	0.00611*	0.00899	0.00703**	0.0445***	0.0497***	0.0484***
	(1.76)	(1.21)	(2.20)	(4.38)	(3.06)	(5.70)
CH_IND	0.0290	-0.0694	0.00891	0.141**	-0.186	0.0705
	(0.91)	(-1.33)	(0.29)	(2.38)	(-1.18)	(0.91)
DSZ_{12}			-0.00572			0.00586
			(-1.44)			(0.59)
_cons	-0.0233	-0.0192	-0.0207	-0.263***	-0.322**	-0.265***
	(-0.79)	(-0.35)	(-0.81)	(-3.19)	(-2.07)	(-3.48)
N	3914	1200	5114	3601	1140	4741
$Adj-R^2$	0.1501	0.1644	0.1525	0.2347	0.1950	0.2118

注：括号内为 t 值，***代表在1%的水平上显著、**代表在5%的水平上显著、*代表在10%的水平上显著。

第五节 进一步检验

出于稳健性考虑本章进一步做了如下检验。（1）如前所述，公司的战略调整往往会产生相对长期的影响；而盈余管理则只是短视化行为的体现，往往只会产生相对短期的影响。如果本章结论是新任高管进行战略调整造成的，那么本章第一个、第二个完整会计年度的实证结论很可能在第三个、第四个完整会计年度继续存在。因此，我们对高管变更之后第三个、第四个完整会计年度进行实证检验，结果如表 4 - 10、表 4 - 11 所示。从中可以看出，在各模型中，JL_3、JL_4 的系数皆不显著，表明前面的实证结论在第三个、第四个完整会计年度不存在。这进一步增加了本章结论的可靠性。（2）为了进一步提高本章结论的稳健性，我们还采用扩展的琼斯模型度量应计项目盈余管理，并对本章结论进行再次检验，结果依然一致。（3）对本章的假设五和假设六，我们将董事长与总经理两职兼任的样本删除，然后重新进行实证检验，结果依然没有改变。（4）由于本章所选数据为 2005 ~ 2010 年，而 2007 年我国发布了新会计准则，基于新会计准则可能带来的影响，本章在进行检验时对年份效应进行了控制。为了进一步提高本章结论的稳健性，我们只用 2007 ~ 2010 年的数据对本章各假设重新进行检验，结果依然一致。（5）本章在计算可操控性应计利润时用的是固定资产的净额。我们以 2005 年和 2006 年的数据为样本（2007 年后固定资产原值数据无法取得），再用固定资产原值计算出新的可操控应计利润，以对本章结论做进一步的检验，结果依然不变。（6）本章还对总经理变更后第一个完整会计年度和第二个完整会计年度分别进行检验，结果发现，上市公司利用应计项目正向盈余管理主要集中出现在上任后的第一个完整会计年度，第二个完整会计年度则不显著。这与德肖（1995）的观点"应计利润的反转主要在一年之内发生"不谋而合。而利用真实活动的正向盈余管理则较平均地分布在这两个会计年度。鉴于篇幅有限，后面几个检验的结果不再逐个列出。

表 4 - 10　　　　　总经理变更后第三个完整会计年度与盈余管理

变量	(1)	(2)	(3)	(4)	(5)
	DA	E_CFO	E_PROD	E_DISX	E_PROXY
JL_3	0.00143 (0.51)	− 0.00182 (− 0.61)	0.00865 (1.41)	− 0.00150 (− 0.61)	0.0136 (1.54)
LnA	− 0.00201 (− 1.77)	− 0.00112 (− 0.89)	0.00906 *** (4.07)	0.00307 ** (3.10)	0.00812 * (2.37)
DEBT	0.0864 *** (7.56)	− 0.0963 *** (− 7.66)	0.133 *** (6.55)	− 0.0718 *** (− 9.35)	0.299 *** (9.15)

续表

变量	(1)	(2)	(3)	(4)	(5)
	DA	E_CFO	E_PROD	E_DISX	E_PROXY
ROA	0.479 ***	0.313 ***	− 0.518 ***	0.163 ***	− 1.008 ***
	(15.24)	(7.74)	(− 4.71)	(5.65)	(− 7.47)
M_B	− 0.00333	0.00182	− 0.0222 ***	0.00819 **	− 0.0318 ***
	(− 1.85)	(0.95)	(− 5.43)	(3.24)	(− 4.59)
EXSHARE	0.0388 ***	− 0.0363 **	− 0.0461	0.0188	− 0.0495
	(3.46)	(− 2.70)	(− 1.92)	(1.32)	(− 1.03)
CON	− 0.00490	0.00362	− 0.00788	− 0.000248	− 0.0122
	(− 1.70)	(1.23)	(− 1.70)	(− 0.10)	(− 1.57)
FIRST	0.0131	− 0.0150	0.0444 *	− 0.0394 ***	0.0932 ***
	(1.57)	(− 1.71)	(2.42)	(− 6.00)	(3.61)
INVREC	0.140 ***	− 0.163 ***	0.192 ***	0.0110	0.337 ***
	(11.82)	(− 13.05)	(9.18)	(1.81)	(10.87)
ATO	− 0.0163 ***	− 0.000165	− 0.0157 *	− 0.00267	− 0.00993
	(− 5.44)	(− 0.05)	(− 2.30)	(− 0.76)	(− 0.81)
SUSPECT	0.00714 *	− 0.00928 **	0.0282 ***	− 0.00913 ***	0.0494 ***
	(2.31)	(− 2.90)	(4.84)	(− 4.39)	(5.96)
CH_IND	0.0103	− 0.0454	0.00132	− 0.0320 *	0.0707
	(0.34)	(− 1.62)	(0.03)	(− 2.57)	(0.94)
_cons	− 0.0184	0.0788 **	− 0.229 ***	− 0.0554 *	− 0.274 ***
	(− 0.74)	(2.84)	(− 4.86)	(− 2.53)	(− 3.66)
N	5344	5344	4966	5344	4966

注：括号内为 t 值，*** 代表在 1% 的水平上显著、** 代表在 5% 的水平上显著、* 代表在 10% 的水平上显著。

表 4 − 11　　总经理变更后第四个完整会计年度与盈余管理

变量	(1)	(2)	(3)	(4)	(5)
	DA	E_CFO	E_PROD	E_DISX	E_PROXY
JL$_4$	0.00344	0.000129	− 0.00518	− 0.000840	− 0.00435
	(1.14)	(0.04)	(− 1.22)	(− 0.35)	(− 0.56)
LnA	− 0.00199	− 0.00112	0.00905 ***	0.00307 **	0.00812 *
	(− 1.76)	(− 0.89)	(4.07)	(3.09)	(2.37)
DEBT	0.0864 ***	− 0.0962 ***	0.133 ***	− 0.0717 ***	0.298 ***
	(7.56)	(− 7.66)	(6.56)	(− 9.35)	(9.14)

续表

变量	(1)	(2)	(3)	(4)	(5)
	DA	E_CFO	E_PROD	E_DISX	E_PROXY
ROA	0.479 ***	0.314 ***	− 0.520 ***	0.163 ***	− 1.011 ***
	(15.26)	(7.75)	(− 4.74)	(5.66)	(− 7.49)
M_B	− 0.00330	0.00182	− 0.0223 ***	0.00818 **	− 0.0319 ***
	(− 1.83)	(0.95)	(− 5.42)	(3.23)	(− 4.58)
EXSHARE	0.0392 ***	− 0.0363 **	− 0.0469	0.0187	− 0.0502
	(3.49)	(− 2.69)	(− 1.94)	(1.31)	(− 1.03)
CON	− 0.00498	0.00365	− 0.00787	− 0.000211	− 0.0122
	(− 1.73)	(1.23)	(− 1.70)	(− 0.09)	(− 1.57)
FIRST	0.0131	− 0.0150	0.0443 *	− 0.0394 ***	0.0932 ***
	(1.57)	(− 1.71)	(2.42)	(− 6.00)	(3.61)
INVREC	0.140 ***	− 0.163 ***	0.192 ***	0.0110	0.336 ***
	(11.83)	(− 13.05)	(9.18)	(1.80)	(10.87)
ATO	− 0.0163 ***	− 0.000192	− 0.0155 *	− 0.00266	− 0.00967
	(− 5.44)	(− 0.06)	(− 2.27)	(− 0.76)	(− 0.79)
SUSPECT	0.00711 *	− 0.00926 **	0.0281 ***	− 0.00911 ***	0.0494 ***
	(2.30)	(− 2.89)	(4.84)	(− 4.38)	(5.96)
CH_IND	0.0107	− 0.0454	0.00121	− 0.0321 **	0.0709
	(0.35)	(− 1.63)	(0.03)	(− 2.58)	(0.95)
_cons	− 0.0191	0.0784 **	− 0.226 ***	− 0.0555 *	− 0.270 ***
	(− 0.77)	(2.83)	(− 4.76)	(− 2.53)	(− 3.59)
N	5344	5344	4966	5344	4966

注：括号内为 t 值， *** 代表在1%的水平上显著、** 代表在5%的水平上显著、* 代表在10%的水平上显著。

第六节　本章小结

本章我们利用上市公司 A 股 2005～2010 年的数据对总经理变更与盈余管理的关系进行实证研究，结果发现，在总经理变更当年，上市公司存在显著的利用应计项目调减利润的盈余管理行为。在变更后的第一个、第二个完整会计年度，上市公司存在显著的利用应计项目和真实活动调增利润的盈余管理行为。如果总经理变更当年，董事长也发生变更，则上市公司在变更当年利用应计项目负向盈余管理的程度更大，在变更后第一个、第二个完整会计年度利用应计项目和真实活动正向盈余管理的程度也更大。以上的结论表明，在我国的制度背景下，新任总经理在上任后会进行机会主义盈余管理行为，且他们会有针对性地选择最有利的模式进行盈余管理。而随着会计准则的持续完善和外部监管力度的强化，真实活动盈余管理逐渐成为他们短视化行为的另一个选择。

| 第五章 |

高管学术经历与盈余管理

第一节 引 言

盈余管理一直是会计学领域的核心问题。围绕该问题,学者们从动机、治理、经济后果等角度进行了一系列的研究和探讨,成果颇丰。尽管如此,上市公司的盈余管理问题却始终层出不穷,成为困扰着监管层及各利益相关者的重要问题之一。

高层梯队理论认为,高管团队的认知能力和价值观的异质性会影响公司的战略选择和财务行为(Hambrick and Mason,1984)。已有文献从高管的性别、年龄、教育背景、从军经历、管理层能力等诸多角度,对高管的特质与公司的财务行为之间的关系进行了探讨。近年来,不少学者开始关注"文人下海"现象对公司行为带来的影响。特别是随着我国 2016 年《中华人民共和国促进科技成果转化法》以及 2017 年《关于支持和鼓励事业单位专业技术人员创新创业的指导意见》的颁布,为促进科技成果的转化,政策鼓励科技人员兼职或者离职创业。于是,越来越多的文人开始转型到上市公司任职。根据本书的统计,2008~2020 年有高管学术经历的样本占全部样本的比例超过 31%。可以说,高管学术经历正逐渐成为我国上市公司管理团队中一个较普遍的现象,对我国的经济发展发挥着越来越重要的影响作用(周楷唐等，2017）。那么高管学术经历影响上市公司的盈余管理行为吗？鲜有文献对该问题进行研究。国内学者徐铁祥和郭文倩（2020）虽然对高管学术经历与真实盈余管理的关系进行了实证研究，然而其实证的结论却是高管学术经历与上市公司的真实盈余管理水平正相关。这显然与大众的观念有不小冲突。盈余管理向来是一种"损人利己"甚至可能"损人不利己"的行为（林永坚等，2013a），难道具有学术经历的高管反而更加可能从事这种不道德的行为吗？因此，有必要对高管学术经历和盈余管理之间的关系做进一步的探讨和研究。

本书认为，具有学术经历的高管更具有"文人风骨"，这决定了他们具有更高的道德标准，更忌讳弄虚作假。因此，对于盈余管理这种为了满足个人私利而损害公共利益的不道德行为，具有学术经历的高管应该更加自律和克制，而不会轻易为了五斗米折腰。退一步讲，即便没有更加自律和克制，具有学术经历的高管也不大可能更加贪婪。此外，我国上市公司"一股独大"的特点，决定了"三会制度"和独立董事等正式的制度安排往往难以充分发挥出有效的治理作用，特别是针对盈余管理这种本身并不违法、只是不道德的行为。因此，本书从管理层自身"文人风骨"特性探讨其对盈余管理这种"不道德"行为的治理作用，具有重要的研究意义。毕竟，关于道德问题，管理层自身的内在特性很可能比外在的正式制度更能够发挥出有效的治理作用。

尽管具有学术经历的高管可能保持着更高的道德标准，但这并不意味着该道德标准不会发生改变。根据"马斯洛需求理论"人的需求分为：生理、安全、社交、尊重和自我实现（Maslow，1943）。在不同的时期，人的需求是不一样的。在不同的压力情境下，人们的道德标准也可能会发生改变。因此，本书还将检验当管理层处于困境时，或者说对盈余指标有强烈需求时，具体包括保盈需求、增发需求、配股需求以及当公司处于最激烈的产品市场竞争时，具有学术经历的高管是否仍然能够保持其"文人风骨"的自律和克制？

本书以我国 A 股上市公司 2008～2020 年的数据为样本对以上问题进行实证检验，结果发现，具有高管学术经历的上市公司其可操纵性应计利润水平更低，异常经营现金净流量水平更高，异常产品生产成本水平更低，异常酌量性费用水平更高。表明具有高管学术经历的高管更不可能从事应计盈余管理行为，也更不可能从事销售操控、生产操控和费用操控三方面的真实盈余管理行为。本书的发现体现了具有学术经历的高管更具有"文人风骨"。影响路径分析发现，具有高管学术经历的公司风险规避倾向更强、内部控制质量更好，从而降低了盈余管理程度。进一步研究发现，高管学术经历对应计盈余管理、真实盈余管理的降低作用在非国有企业样本、非国际四大审计样本以及机构投资者持股比例更低的样本中更加显著。但是，当高管面临业绩压力时，高管学术经历与应计盈余管理、真实盈余管理的关系均不再显著。

本书的边际贡献包括：（1）本书丰富了高管学术经历经济后果的相关文献。本书的实证结论进一步表明高管学术经历能够在公司治理中发挥重要的治理作用。（2）本书丰富了盈余管理影响因素的相关文献。盈余管理本身不违法但又不道德的特点，使得本书从"文人风骨"的角度研究其对盈余管理的抑制作用具有重要的理论和实践意义。（3）本书研究发现，虽然高管学术经历能够发挥有效的治理作用，但是当管理层对盈余有特殊需求或者处于不利的产品市场竞争时，高管学术经历的"文人风骨"治理作用不再显著。

第二节　理论基础与研究假设

一、高管学术经历文献回顾

高管学术经历与高管教育背景不同，教育背景是高管个人能力的体现，而高管学术经历则是个人工作经历对其个人特质的塑造（周楷唐等，2017）。针对高管学术经历对公司财务决策的影响现有文献取得了一定的成果。在国内研究方面，周楷唐等（2017）发现，高管学术经历能够降低公司债务融资成本。鲁桂华和潘柳芸（2021）发现，高管学术经历能够显著降低公司未来股价崩盘风险。沈华玉等（2018）发现，高管学术经历降低了上市公司审计费用。张晓亮等（2020）发现，学术经历有助于 CEO 强化道德自觉、增强道德自律，形成内在的自我约束与监督机制，进而抑制了其所在企业的高管在职消费活动。徐铁祥和郭文倩（2020）发现，当高管具有学术经历时，其所在企业的真实盈余管理水平更高。沈艺峰等（2016）发现，公司学术背景独立董事的多少与上市公司的研发投入和产品市场竞争存在正相关关系，具有学术背景的独立董事在研发投资上不仅存在咨询的作用，也可能起到传递信号的作用。在国外研究方面，弗兰西斯等（Francis et al.，2015）发现，董事的学术经历有助于提高公司绩效。丘等（Cho et al.，2015）发现，高管具有学术经历的公司社会责任绩效评级更高。由此可见，绝大部分的文献认为，高管学术经历能够在公司治理中扮演积极的治理作用。

二、高管学术经历与盈余管理

那么高管学术经历会影响公司的盈余管理行为吗？本书认为，针对盈余管理这种"非违法"但又"不道德"的机会主义行为，具有学术经历的高管因其"文人风骨"的特性很可能比正式的制度更能发挥有效的治理作用。这是因为，具有学术经历的高管具有更高的道德标准。根据罗伊摩根对澳大利亚连续十多年的职业形象调查，每一年都有超过 2/3 的受访者认为，大学教师的道德水准和诚信意识很高。我国自古以来同样一直强调道德在教育中的重要性，比如，《礼记·学记》写道："为人师者，必先正其身，方能教书育人，此乃师德之本也。"因此，具有学术经历的高管由于在高校受到我国几千年以来的传统儒家思想的熏陶，往往更关注个人声誉和公司形象（沈华玉等，2018）。他们行事的原则更可能建立在道德的基础上（Bowman，2005），更多追求的是社会公共利益而非自身利益（Baumgarten，1982）。基于以上原因，本章提出如下假设：

假设一：高管具有学术经历的上市公司，其应计盈余管理水平更低。

由于从事任何一种盈余管理行为都是对管理层自身道德修养的挑战。既然具有学术经历的高管基于其更高的道德标准而较少从事应计盈余管理行为，那么我们有理由相信他们必然同样更少从事任何一种真实盈余管理行为。现有研究认为，真实盈余管理会改变公司现金流，其对公司长期价值造成的伤害要比应计盈余管理行为大得多（Cohen et al.，2010；林永坚等，2013b）。比如，放宽信用政策必然导致公司坏账剧增，增加本期产品生产总量必然导致存货管理成本增加，而削减本期的广告和销售费用必然导致公司接下来的业绩不稳定甚至倒退的可能。如前所述，具有学术经历的高管具备缜密的思维，他们深谙真实盈余管理对公司价值的伤害要远大于应计盈余管理，且具有学术经历的高管本身又生性保守，具有更高的道德标准。因此，我们预期相比没有学术经历的高管，具有学术经历的高管对任何一种真实盈余管理方式都要比应计盈余管理行为更加抗拒。既然具有学术经历的高管更不可能从事应计盈余管理，自然也就更不可能从事销售操控、生产操控以及费用操控等任何一种真实盈余管理。基于此，本章提出如下假设：

假设二：高管具有学术经历的上市公司，其销售操控水平更低。

假设三：高管具有学术经历的上市公司，其生产操控水平更低。

假设四：高管具有学术经历的上市公司，其费用操控水平更低。

第三节　研究设计

一、样本选择

本章选取 2008~2020 年我国沪深两市 A 股上市公司为研究样本，样本筛选过程如下：首先，基于金融行业的特殊性，删除该行业样本公司；第二，剔除已退市的上市公司；第三，剔除数据缺失的样本观测值；第四，由于各盈余管理变量均采用分行业分年度回归求得，对样本数小于 8 的组别，整个删除。经过以上筛选过程，最终剩下 26041 个样本观测值。为了消除变量极端值对研究结果的影响，本章对所有连续变量都在 1% 水平缩尾处理，所有数据来自 Wind 或 CSMAR 数据库。

二、变量选取

（一）应计项目盈余管理的度量

本书采用修正琼斯模型计算出来的可操控应计利润来度量应计盈余管理水平，具体如下：

$$\frac{TA_t}{A_{t-1}} = \beta_0 + \beta_1 \times \frac{1}{A_{t-1}} + \beta_2 \times \frac{\Delta S_t - \Delta REC_t}{A_{t-1}} + \beta_3 \times \frac{PPE_t}{A_{t-1}} + \varepsilon_t \qquad (5-1)$$

其中，TA_t 为本期应计利润，$TA_t = NI_t - CFO_t$，NI_t 为本期净利润，CFO_t 为本期经营现金净流量。ΔS_t 为本期主营业务收入与上期主营业务收入之差；ΔREC_t 为本期应收账款净额与上期应收账款净额之差；PPE_t 为本期固定资产净额；A_{t-1} 为上期总资产。利用式（5-1）分行业分年度回归得到的残差 DA，即为上市公司的可操控性应计利润。

（二）真实活动盈余管理的度量

与第四章相同，本章借鉴罗伊乔杜里（2006）的做法，采用式（5-2）~式（5-4）分行业分年度回归来估计公司当年度的正常经营现金净流量、正常生产成本和正常酌量性费用。然后用公司的实际值减去预期的正常值所求得的残差即异常经营现金净流量（ECFO）、异常生产成本（EPROD）及异常酌量性费用（EDSIP）来度量销售操控、生产操控和费用操控三种真实活动盈余管理，具体如下：

$$\frac{CFO_t}{A_{t-1}} = \beta_0 + \beta_1 \times \frac{1}{A_{t-1}} + \beta_2 \times \frac{S_t}{A_{t-1}} + \beta_3 \times \frac{\Delta S_t}{A_{t-1}} + \varepsilon_t \qquad (5-2)$$

$$\frac{PROD_t}{A_{t-1}} = \beta_0 + \beta_1 \times \frac{1}{A_{t-1}} + \beta_2 \times \frac{S_t}{A_{t-1}} + \beta_3 \times \frac{\Delta S_t}{A_{t-1}} + \beta_3 \times \frac{\Delta S_{t-1}}{A_{t-1}} + \varepsilon_t$$

$$(5-3)$$

$$\frac{DISP_t}{A_{t-1}} = \beta_0 + \beta_1 \times \frac{1}{A_{t-1}} + \beta_2 \times \frac{S_{t-1}}{A_{t-1}} + \varepsilon_t \qquad (5-4)$$

各变量的定义与第四章节相同。当公司采用这三种方式做大利润时，会呈现出更低的异常经营现金净流量、更高的异常生产成本、更低的异常酌量性费用。因此，参考科恩等（2010）的做法将三种真实活动盈余管理加总，令 REM = EPROD − ECFO − EDISP，代表总的真实盈余管理水平。

（三）高管学术经历

与现有文献班贝儿等（Bamber et al.，2010）、周楷唐等（2017）等一致，本章中的高管指的是董事会成员和监事会成员之外的高级管理团队人员，包括 CEO、总经理、执行总经理、副总经理、执行副总经理、总会计师、财务负责人等。学术经历指的是高管曾在或者正在高等院校任教、科研机构、协会任职，从事科研工作的经历。本章用两个变量度量高管学术经历：第一个为虚拟变量 Acdum，当高管团队中有成员具有学术经历时取 1，否则为 0；第二个为 Acdratio，代表高管团队中具有学术经历的人员占高管总人数的比例。

三、模型设计

为检验本章的假设，我们借鉴罗伊乔杜里（2006）的做法，建立如下的多元回归模型（5−5）。其中，因变量 EM 分别代表了应计盈余管理、销售操控、生产操控、费用操控和真实盈余总操控 5 个变量。解释变量 INDEP 分别代理高管学术经历 Acdum 和 Acdratio。控制变量包括公司规模（SIZE）、资产负债率（LEV）、资产回报率（ROA）、公司成长性（MB）以及盈余管理柔性（INVREC）等。具体变量定义如表 5−1 所示。

$$
\begin{aligned}
EM_t ={} & \beta_0 + \beta_1 \times INDEP_t + \beta_2 \times SIZE_t + \beta_3 \times ROA_t + \beta_4 \times LEV_t \\
& + \beta_5 \times INVREC_t + \beta_6 \times OCF_t + \beta_7 \times MB_t + \beta_8 \times FIRST_t \\
& + \beta_9 \times SOE_t + \sum \gamma_i \times Industry + \sum \delta_i \times Year + \varepsilon \quad (5-5)
\end{aligned}
$$

表 5 – 1   变量定义

变量	变量名称	解释
被解释变量	DA	可操控应计利润,计算方法见式 (5 – 1)
	ECFO	异常经营现金净流量,计算方法见式 (5 – 2)
	EPROD	异常生产成本,计算方法见式 (5 – 3)
	EDSIP	异常酌量性费用,计算方法见式 (5 – 4)
	REM	真实活动盈余管理总量 = EPROD – ECFO – EDISP
解释变量	Acdum	高管团队中是否有成员具有学术经历,有为 1,否则为 0
	Acdratio	高管团队中具有学术经历人员占高管团队人数的比例
	SIZE	资产规模
	ROA	资产回报率 = 净利润/总资产
	LEV	资产负债率 = 总负债/总资产
	INVREC	盈余管理柔性 = (存货 + 应收账款)/总资产
	OCF	经营现金净流量 = 经营性现金流量净额/平均资产总额
	MB	公司成长性 = 公司账面价值/市场价值
	FIRST	第一大股东持股比例
	SOE	股权性质,国有企业为 1,否则为 0
	Year	年度虚拟变量
	Industry	行业虚拟变量

四、描述性统计

表 5 – 2 列示了本章变量的描述性统计。其中,DA 的均值为 0.005,表明总体而言,样本公司存在轻微的正向应计盈余管理行为。ECFO、EDSIP 的均值为 0,表明总体而言,样本公司并不存在销售操控和费用操控。EPROD 和 REM 的均值为 – 0.001,表明总体而言,样本公司存在轻微的负向产品操控。Acdraito 的均值为 0.073,表明具有学术经历的高管在上市公司团队人员的占比约为 7.3%。

表 5 - 2 　　　　　　　　　　　描述性统计

变量	观测值	均值	标准差	最小值	最大值
DA	26041	0.005	0.083	- 0.428	0.549
ECFO	26041	0	0.075	- 0.462	0.471
EPROD	26041	- 0.001	0.118	- 1.685	2.67
EDSIP	26041	0	0.061	- 0.479	0.491
REM	26041	- 0.001	0.196	- 2.195	2.888
Acdratio	26041	0.073	0.131	0	1
Acd	26041	0.315	0.465	0	1
SIZE	26041	22.215	1.312	15.577	28.636
ROA	26041	0.031	0.092	- 3.994	0.786
LEV	26041	0.448	0.207	0.007	2.123
BM	26041	0.62	0.252	0.004	1.485
INVREC	26041	0.232	0.21	0	1.616
OCF	26041	0.047	0.078	- 1.938	0.876
FIRST	26041	34.138	14.984	0.29	89.99
Mshare	26041	10.706	17.878	0	89.177
Male	26041	81.862	11.135	31.58	100
Age	26041	49.127	3.146	35.62	62.86
Big4	26041	0.057	0.232	0	1
SEO	26041	0.406	0.491	0	1

第四节　实证结果分析

一、基本结果分析

　　表 5 - 3 列示了高管学术经历与盈余管理关系的实证结果。其中，表 5 - 3 的高管学术经历用虚拟变量 Acd 度量，即高管团队中只要有成员具有学术经历，则取 1，否则为 0。回归（1）中 Acd 的系数为负，且在 1% 的水平上显著，表明高管具有学术经历的公司更不可能从事应计盈余管理行为。回归

（2）中，Acd 的系数为正，且在 1% 的水平上显著，表明高管具有学术经历的公司更不可能从事销售操控。回归（3）中，Acd 的系数为负，且在 10% 的水平上显著，表明高管具有学术经历的公司更不可能从事生产操控。回归（4）中，Acd 的系数为正，且在 1% 的水平上显著，表明高管具有学术经历的公司更不可能从事费用操控。回归（5）中，Acd 的系数为负，且在 1% 的水平上显著，表明高管具有学术经历的公司更不可能从事真实盈余管理行为。以上结果表明，具有学术经历的高管具有更高的道德标准，更不可能从事盈余管理是其"文人风骨"的重要体现。

表 5 - 3　　　　高管团队是否具有学术经历与盈余管理

变量	(1) DA	(2) ECFO	(3) EPROD	(4) EDSIP	(5) REM
Acd	- 0.00204 *** (- 3.07)	0.00140 *** (2.60)	- 0.00270 * (- 1.82)	0.00382 *** (4.59)	- 0.00792 *** (- 3.65)
SIZE	0.0110 *** (30.56)	0.000199 (0.68)	- 0.00912 *** (- 11.38)	0.00633 *** (14.08)	- 0.0156 *** (- 13.33)
ROA	0.519 *** (139.44)	- 0.0598 *** (- 19.82)	- 0.0683 *** (- 8.23)	0.0209 *** (4.49)	- 0.0295 ** (- 2.42)
LEV	- 0.0421 *** (- 21.85)	- 0.0220 *** (- 14.12)	0.0781 *** (18.18)	- 0.00422 * (- 1.75)	0.104 *** (16.60)
BM	- 0.0344 *** (- 19.32)	- 0.00792 *** (- 5.49)	0.0885 *** (22.27)	- 0.0378 *** (- 16.98)	0.134 *** (23.08)
INVREC	0.00896 *** (5.09)	- 0.0249 *** (- 17.47)	- 0.0274 *** (- 6.98)	- 0.00828 *** (- 3.76)	0.00576 (1.00)
OCF	- 0.834 *** (- 195.33)	0.856 *** (247.32)	- 0.480 *** (- 50.31)	0.0673 *** (12.59)	- 1.403 *** (- 100.55)
FIRST	0.000150 *** (7.05)	- 0.0000278 (- 1.62)	0.000103 ** (2.18)	- 0.0000287 (- 1.08)	0.000160 ** (2.30)
Mshare	0.000138 *** (7.16)	0.0000751 *** (4.80)	- 0.000405 *** (- 9.40)	0.000278 *** (11.52)	- 0.000758 *** (- 12.03)
Male	- 0.0000425 (- 1.42)	- 0.0000293 (- 1.21)	0.000241 *** (3.62)	- 0.000190 *** (- 5.11)	0.000460 *** (4.73)

续表

变量	(1)	(2)	(3)	(4)	(5)
	DA	ECFO	EPROD	EDSIP	REM
Age	0.0000254 (0.23)	− 0.000115 (− 1.31)	0.0000993 (0.41)	− 0.000543 *** (− 4.00)	0.000757 ** (2.14)
_cons	− 0.183 *** (− 5.27)	0.0218 (0.77)	0.0331 (0.43)	− 0.0656 (− 1.51)	0.0769 (0.68)
年度	控制	控制	控制	控制	控制
行业	控制	控制	控制	控制	控制
N	26041	26041	26041	26041	26041
adj. R²	0.664	0.733	0.174	0.035	0.363

注：括号内为 t 值，*** 代表在1%的水平上显著、** 代表在5%的水平上显著、* 代表在10%的水平上显著。

二、影响路径分析

前面的分析证实了高管学术经历与盈余管理程度存在显著的负相关关系。那么，高管学术经历对盈余管理的影响机制是什么？本书认为，首先，学术经历会导致高管表现出更强的风险规避倾向（周楷唐等，2017），进而降低盈余管理发生的概率。具有学术经历的高管行事风格往往更加审慎和保守。为人师表的经历使得他们更加注重个人声誉、公司形象（沈华玉等，2018）以及自身的职业安全（徐铁祥和郭文倩，2020）。一旦其从事盈余管理行为而被揭发，其个人声誉必将遭受重创，并对其职业生涯的安全造成重大的影响。因而，更强的风险规避倾向使得他们更不可能从事盈余管理行为。其次，学术经历有助于公司建立起健全有效的内部控制系统。具有学术经历的高管往往被训练成独立和批判性的思考者（Jiang and Murphy，2007）。学术研究的经历使得他们思维更加缜密，更加注重研究的严谨性与结论的准确性（周楷唐等，2017）。在日常经营管理活动中，具有学术经历的高管更加善于发现问题、分析问题以及解决问题。更强的风险规避倾向、更缜密的思维、更积极的研究习惯，使得他们能够建立起健全有效的内部控制体系以防范公司潜在的各种风险，进而降低公司盈余管理行为的发生。

表 5 - 4 中的回归（1）是高管学术经历对风险偏好的回归结果，Acd 的系数显著为负，即具有学术经历的高管更倾向于风险回避。回归（2）和回归（3）中，Acd 的系数均显著为负，且 Riskasset 的系数也皆为负，表明风险偏好在高管学术经历对盈余管理的负向影响中起了部分的中介作用。回归（4）是高管学术经历对内部控制质量的回归结果。

表 5 - 4　　　　　　　　　　　　　影响路径检验

变量	DA			E_PROXY		
	（1）	（2）	（3）	（4）	（5）	（6）
	Riskasset	DA	REM	Isdefic	DA	REM
Acd	− 0.00510 ***	− 0.00214 **	− 0.00857 **	− 0.0427 ***	− 0.00237 ***	− 0.00970 ***
	（− 3.65）	（− 2.27）	（− 2.56）	（− 6.99）	（− 3.45）	（− 4.39）
Riskasset		− 0.0228 ***	− 0.0213			
		（− 3.82）	（− 1.00）			
Isdefic					− 0.00187 **	0.000440
					（− 2.55）	（0.19）
SIZE	− 0.000743	0.0114 ***	− 0.0198 ***	0.0230 ***	0.0114 ***	− 0.0153 ***
	（− 0.94）	（21.41）	（− 10.43）	（6.85）	（30.31）	（− 12.64）
ROA	− 0.000433	0.661 ***	− 0.0312	− 0.257 ***	0.505 ***	− 0.0233 *
	（− 0.04）	（93.98）	（− 1.25）	（− 7.57）	（132.81）	（− 1.90）
LEV	− 0.0373 ***	− 0.0355 ***	0.129 ***	0.140 ***	− 0.0432 ***	0.100 ***
	（− 9.43）	（− 13.26）	（13.53）	（7.75）	（− 21.33）	（15.32）
BM	− 0.00307	− 0.0233 ***	0.145 ***	0.00152	− 0.0360 ***	0.133 ***
	（− 0.77）	（− 8.64）	（15.13）	（0.09）	（− 19.53）	（22.35）
INVREC	− 0.0413 ***	0.00608 **	− 0.0150	− 0.102 ***	0.00934 ***	0.0128 **
	（− 10.78）	（2.34）	（− 1.62）	（− 6.28）	（5.15）	（2.19）
OCF	− 0.0452 ***	− 0.907 ***	− 1.450 ***	− 0.0415	− 0.830 ***	− 1.382 ***
	（− 5.34）	（− 158.54）	（− 71.22）	（− 1.02）	（− 183.23）	（− 94.50）
FIRST	− 0.0001 ***	0.00009 ***	0.0001 *	0.0007 ***	0.0001 ***	0.0001 **
	（− 3.33）	（3.27）	（1.80）	（3.70）	（6.70）	（2.09）
Mshare	− 0.0003 ***	0.00007 ***	− 0.0006 ***	− 0.002 ***	0.0001 ***	− 0.0007 ***
	（− 9.28）	（2.66）	（− 6.67）	（− 14.58）	（7.10）	（− 12.23）

续表

变量	DA			E_PROXY		
	（1）	（2）	（3）	（4）	（5）	（6）
	Riskasset	DA	REM	Isdefic	DA	REM
Male	-0.0001 **	-0.00009 **	0.0003 **	0.0007 ***	-0.00002	0.0004 ***
	（-2.38）	（-2.30）	（2.10）	（2.67）	（-0.67）	（4.81）
Age	0.0005 ***	-0.0003 **	0.0005	0.007 ***	0.0001 *	0.001 ***
	（2.66）	（-2.28）	（1.10）	（7.12）	（1.65）	（2.85）
_cons	0.0591 *	-0.166 ***	0.268 ***	-1.020 ***	-0.167 ***	0.180 ***
	（1.96）	（-8.14）	（3.70）	（-13.47）	（-19.57）	（6.54）
年度	控制	控制	控制	控制	控制	控制
行业	控制	控制	控制	控制	控制	控制
N	12792	12792	12792	23404	23404	23404
adj. R^2	0.132	0.700	0.372	0.125	0.662	0.362

注：括号内为 t 值，*** 代表在 1% 的水平上显著、** 代表在 5% 的水平上显著、* 代表在 10% 的水平上显著。

三、稳健性检验

为了保证本书研究结论的稳健性，还做了如下一系列检验。

第一，为避免潜在的内生性问题，本书参考沈华玉等（2018）的做法，选取本科院校密度作为高管学术经历的工具变量对本书的结论进行重新检验。首先，以本科院校密度为解释变量对高管学术经历 Acd 进行 OLS 回归，结果如表 5-5 回归（1）所示，本科院校密度与高管学术经历 Acd 在 1% 的水平上显著正相关。此外，本科院校密度相比各控制变量又具有外生性的特点。因此，能够符合工具变量的两个要求。然后，以回归（1）得到高管学术经历的估计值 y 对应计盈余管理水平和真实盈余管理水平进行回归，得到第二阶段的回归结果，如回归（2）和回归（3）所示，y 的系数依然在 1% 的水平上显著为负。表明高管学术经历确实能够抑制公司的应计盈余管理行为和真实盈余管理行为。

表 5 - 5 　　　　　　　　　　　　　**工具变量法**

变量	(1)	(2)	(3)
	Acd	DA	REM
density	3.946 *** (2.99)		
y		- 0.146 *** (- 7.23)	- 0.512 *** (- 7.82)
SIZE	0.172 *** (15.69)	0.00317 ** (2.54)	0.0125 *** (3.06)
ROA	0.155 (1.25)	0.499 *** (119.35)	- 0.0199 (- 1.46)
LEV	- 0.415 *** (- 7.09)	- 0.0243 *** (- 6.97)	0.0376 *** (3.31)
BM	- 0.548 *** (- 9.84)	- 0.00667 (- 1.54)	0.0449 *** (3.19)
INVREC	0.481 *** (9.32)	- 0.0142 *** (- 3.65)	0.0867 *** (6.84)
OCF	- 0.0699 (- 0.54)	- 0.829 *** (- 180.56)	- 1.423 *** (- 95.29)
FIRST	- 0.00376 *** (- 5.91)	0.000315 *** (9.52)	- 0.000445 *** (- 4.13)
Mshare	0.00971 *** (17.35)	- 0.000387 *** (- 5.23)	0.00101 *** (4.19)
Male	- 0.0000697 (- 0.08)	- 0.0000556 * (- 1.70)	0.000410 *** (3.84)
Age	0.0129 *** (3.95)	- 0.000733 *** (- 4.89)	0.00298 *** (6.11)
_cons	- 8.065 (- 0.08)	- 0.0231 (- 0.54)	- 0.471 *** (- 3.40)
年度	控制	控制	控制
行业	控制	控制	控制
N	23011	23011	23011
adj. R^2		0.656	0.364

　　注：括号内为 t 值，*** 代表在 1% 的水平上显著、** 代表在 5% 的水平上显著、* 代表在 10% 的水平上显著。

第二，本书进一步运用倾向得分法解决潜在的内生性问题，按照高管是否具有学术经历 Acd 将所有样本区分为具有学术经历的一组和不具有学术经历的一组。以 Acd 为因变量对所有的控制变量进行回归，根据回归得到的观测值的分数，将高管具有学术经历的样本与不具有学术经历的样本进行匹配。表 5 - 6 回归（1）和回归（2）报告了样本配对之后的回归结果，Acd 的系数依然在 1% 的水平上显著为负，表明在控制了各控制变量的特征差异后，前面结论依然稳健。

第三，为了进一步控制公司层面因素的影响，我们采用将所有自变量滞后一期，重新进行实证检验。结果如表 5 - 6 回归（3）和回归（4）所示。结果依然稳健。

表 5 - 6 　　　　　　　　　PSM 检验与公司固定效应模型

变量	（1）	（2）	（3）	（4）
	DA	REM	fDA	fREM
Acd	− 0. 00303 *** （ − 3. 72）	− 0. 00840 *** （ − 3. 09）	− 0. 000362 （ − 0. 30）	− 0. 00705 *** （ − 2. 60）
SIZE	0. 0106 *** （22. 93）	− 0. 0183 *** （ − 11. 84）	0. 00587 *** （8. 80）	− 0. 0168 *** （ − 11. 13）
ROA	0. 562 *** （109. 75）	− 0. 00693 （ − 0. 41）	0. 249 *** （27. 06）	− 0. 225 *** （ − 10. 79）
LEV	− 0. 0404 *** （ − 15. 31）	0. 105 *** （11. 93）	− 0. 0267 *** （ − 7. 40）	0. 0826 *** （10. 07）
BM	− 0. 0352 *** （ − 14. 89）	0. 152 *** （19. 19）	− 0. 0267 *** （ − 7. 89）	0. 153 *** （19. 90）
INVREC	0. 00995 *** （4. 46）	− 0. 00147 （ − 0. 20）	0. 00737 ** （2. 30）	0. 0373 *** （5. 12）
OCF	− 0. 873 *** （ − 147. 89）	− 1. 431 *** （ − 72. 51）	− 0. 125 *** （ − 15. 87）	− 0. 684 *** （ − 38. 14）
FIRST	0. 000134 *** （4. 71）	0. 000155 （1. 63）	0. 000118 *** （3. 09）	− 0. 0000571 （ − 0. 66）

续表

变量	(1)	(2)	(3)	(4)
	DA	REM	fDA	fREM
Mshare	0.000121 ***	-0.000908 ***	0.000111 ***	-0.000882 ***
	(5.21)	(-11.66)	(3.18)	(-11.11)
Male	0.0000224	0.000464 ***	0.00000532	0.000548 ***
	(0.57)	(3.53)	(0.10)	(4.45)
Age	0.000181	0.000794	0.000232	0.000341
	(1.25)	(1.64)	(1.18)	(0.77)
_cons	-0.171 ***	0.145	0.0409	0.454 **
	(-3.61)	(0.91)	(0.51)	(2.50)
年份	控制	控制	控制	控制
行业	控制	控制	控制	控制
N	13914	13914	21600	21600
adj. R^2	0.680	0.371	0.067	0.149

注：括号内为 t 值，*** 代表在 1% 的水平上显著、** 代表在 5% 的水平上显著。

第四，为了进一步提升本书结论的稳健性，对高管学术经历我们采用第二个指标 Acdratio 度量，即高管团队中具有学术经历的人员占高管总人数的比例。然后对本书的模型（5-5）重新进行检验，结果如表5-7所示。

表5-7　　　　　　　高管学术经历人数占比与盈余管理

变量	(1)	(2)	(3)	(4)	(5)
	DA	ECFO	EPROD	EDISP	REM
Acdratio	-0.0116 ***	0.00441 **	-0.00411	0.0126 ***	-0.0211 ***
	(-4.93)	(2.31)	(-0.78)	(4.28)	(-2.75)
SIZE	0.0110 ***	0.000233	-0.00923 ***	0.00641 ***	-0.0159 ***
	(30.68)	(0.80)	(-11.55)	(14.32)	(-13.57)
ROA	0.519 ***	-0.0597 ***	-0.0684 ***	0.0210 ***	-0.0297 **
	(139.44)	(-19.81)	(-8.24)	(4.52)	(-2.45)
LEV	-0.0423 ***	-0.0221 ***	0.0784 ***	-0.00425 *	0.105 ***
	(-21.95)	(-14.14)	(18.23)	(-1.77)	(16.64)

续表

变量	(1)	(2)	(3)	(4)	(5)
	DA	ECFO	EPROD	EDISP	REM
BM	− 0.0345 *** (− 19.41)	− 0.00797 *** (− 5.53)	0.0888 *** (22.35)	− 0.0379 *** (− 17.04)	0.135 *** (23.17)
INVREC	0.00920 *** (5.22)	− 0.0249 *** (− 17.45)	− 0.0277 *** (− 7.04)	− 0.00827 *** (− 3.76)	0.00550 (0.96)
OCF	− 0.834 *** (− 195.40)	0.856 *** (247.31)	− 0.480 *** (− 50.30)	0.0673 *** (12.60)	− 1.403 *** (− 100.54)
FIRST	0.000150 *** (7.07)	− 0.0000287 * (− 1.67)	0.000106 ** (2.23)	− 0.0000310 (− 1.17)	0.000165 ** (2.39)
Mshare	0.000141 *** (7.34)	0.0000759 *** (4.86)	− 0.000410 *** (− 9.54)	0.000280 *** (11.61)	− 0.000766 *** (− 12.17)
Male	− 0.0000440 (− 1.48)	− 0.0000288 (− 1.19)	0.000240 *** (3.61)	− 0.000189 *** (− 5.07)	0.000458 *** (4.70)
Age	0.0000517 (0.48)	− 0.000122 (− 1.39)	0.0000979 (0.40)	− 0.000563 *** (− 4.14)	0.000782 ** (2.21)
_cons	− 0.184 *** (− 5.30)	0.0215 (0.76)	0.0350 (0.45)	− 0.0663 (− 1.52)	0.0798 (0.70)
年份	控制	控制	控制	控制	控制
行业	控制	控制	控制	控制	控制
N	26041	26041	26041	26041	26041
adj. R^2	0.664	0.732	0.174	0.035	0.363

注：括号内为 t 值，*** 代表在 1% 的水平上显著、** 代表在 5% 的水平上显著、* 代表在 10% 的水平上显著。

第五节　进一步研究

一、产权性质的影响

已有研究表明，由于国有企业承担了更多的政策性负担（谢德仁和陈运森，2009），其不以营利为唯一目标。非国有企业的管理层则往往面临着更大的业绩压力，从而其盈余管理程度也更大。如果高管学术经历确实有助于降低盈余管理行为，那么，可以预期这种现象在非国有企业中可能更为显著。为此，我们将本书的研究样本按产权性质的不同（SEO = 1 代表国有企业，SEO = 0 代表非国有企业）进行分组检验，结果如表 5 - 8 所示。其中，回归（1）和回归（3）中高管学术经历 Acd 的系数均不再显著，表明在国有企业样本组，高管学术经历对应计盈余管理和真实盈余管理均没有显著的降低作用。回归（2）和回归（4）中高管学术经历 Acd 的系数均在 1% 的水平上显著为负，表明在非国有企业样本组，高管学术经历对应计盈余管理和真实盈余管理均有显著的降低作用。

表 5 - 8　　　　　　　　　　产权性质的影响

变量	(1)	(2)	(3)	(4)
	DA	DA	REM	REM
	SEO = 1	SEO = 0	SEO = 1	SEO = 0
Acd	- 0.00135 (- 1.30)	- 0.00291 *** (- 3.36)	- 0.00363 (- 1.11)	- 0.0103 *** (- 3.61)
SIZE	0.00874 *** (17.24)	0.0136 *** (26.20)	- 0.00503 *** (- 3.13)	- 0.0235 *** (- 13.65)
ROA	0.543 *** (75.54)	0.509 *** (113.48)	- 0.114 *** (- 5.01)	- 0.00159 (- 0.11)
LEV	- 0.0438 *** (- 15.34)	- 0.0407 *** (- 15.34)	0.0709 *** (7.85)	0.125 *** (14.29)
BM	- 0.0270 *** (- 10.25)	- 0.0396 *** (- 16.34)	0.0639 *** (7.66)	0.176 *** (21.89)
INVREC	- 0.00774 *** (- 2.76)	0.0176 *** (7.66)	0.0368 *** (4.15)	- 0.0115 (- 1.52)
OCF	- 0.833 *** (- 131.57)	- 0.841 *** (- 147.38)	- 1.441 *** (- 71.87)	- 1.373 *** (- 72.63)
FIRST	0.00004 (1.60)	0.0002 *** (9.38)	0.0001 * (1.76)	- 0.00008 (- 0.86)
Mshare	0.0007 *** (4.33)	0.0001 *** (5.99)	- 0.002 *** (- 5.00)	- 0.0006 *** (- 8.22)

变量	(1) DA SEO = 1	(2) DA SEO = 0	(3) REM SEO = 1	(4) REM SEO = 0
Male	0.00004 (0.89)	− 0.00006 * (− 1.76)	0.0005 *** (3.64)	0.0003 ** (2.53)
Age	− 0.0002 (− 1.54)	0.0004 *** (3.40)	− 0.0004 (− 0.70)	0.0001 (0.42)
_cons	− 0.137 *** (− 4.17)	− 0.358 *** (− 6.92)	− 0.0425 (− 0.41)	0.264 (1.54)
年份	控制	控制	控制	控制
行业	控制	控制	控制	控制
N	10581	15460	10581	15460
adj. R^2	0.671	0.667	0.403	0.349

注：括号内为 t 值，*** 代表在1% 的水平上显著、** 代表在5% 的水平上显著、* 代表在10% 的水平上显著。

二、外部审计的影响

规模大的会计师事务所具有更好的声誉（DeAngelo，1981），其独立性更强、审计质量更高。当公司的审计机构为国际"四大"时，高管从事盈余管理的机会可能也就会受到更大的约束。反之，规模小的会计师事务所优先考虑的是生存问题，因而独立性更差，更可能屈从于客户的会计政策安排。因此，如果高管学术经历确实能够降低盈余管理，那么这种现象在非国际"四大"审计的样本中会更加显著。为此，本书按是否由国际"四大"审计（Big =1 代表国际"四大"审计，Big4 =0 代表由非国际"四大"审计）进行分组检验，回归结果如表 5 - 9 所示。其中，回归（1）和回归（3）中 Acd 的回归系数均不显著，表明由国际"四大"审计的一组，高管学术经历对盈余管理没有显著的影响。而回归（2）和回归（4）中，Acd 的系数均显著为负，即在非国际"四大"审计样本组，高管学术经历与应计盈余管理、真实盈余管理均显著负相关。

表 5 - 9　　　　　　　　　　　外部审计的影响

变量	(1) DA Big4 = 1	(2) DA Big4 = 0	(3) REM Big4 = 1	(4) REM Big4 = 0
Acd	- 0. 000402 (- 0. 19)	- 0. 00172 ** (- 2. 49)	- 0. 000562 (- 0. 06)	- 0. 00869 *** (- 3. 88)
SIZE	0. 00366 *** (3. 80)	0. 0127 *** (31. 67)	- 0. 0129 *** (- 3. 16)	- 0. 0148 *** (- 11. 36)
ROA	1. 031 *** (40. 35)	0. 509 *** (134. 53)	- 0. 109 (- 1. 01)	- 0. 0251 ** (- 2. 05)
LEV	- 0. 0203 ** (- 2. 53)	- 0. 0432 *** (- 21. 74)	0. 170 *** (5. 01)	0. 102 *** (15. 91)
BM	0. 00245 (0. 44)	- 0. 0371 *** (- 19. 86)	0. 195 *** (8. 18)	0. 128 *** (21. 09)
INVREC	- 0. 0165 ** (- 2. 53)	0. 0101 *** (5. 56)	0. 0376 (1. 36)	0. 00475 (0. 81)
OCF	- 0. 986 *** (- 54. 28)	- 0. 833 *** (- 190. 29)	- 1. 444 *** (- 18. 71)	- 1. 393 *** (- 98. 11)
FIRST	0. 0000775 (1. 20)	0. 000158 *** (7. 10)	0. 000158 (0. 58)	0. 000217 *** (3. 02)
Mshare	- 0. 000215 * (- 1. 92)	0. 000162 *** (8. 23)	- 0. 000925 * (- 1. 94)	- 0. 000787 *** (- 12. 33)
Male	- 0. 0000673 (- 0. 62)	- 0. 0000474 (- 1. 54)	0. 000975 ** (2. 13)	0. 000418 *** (4. 19)
Age	- 0. 000116 (- 0. 35)	0. 000130 (1. 15)	0. 00233 (1. 64)	0. 000691 * (1. 88)
_cons	- 0. 00354 (- 0. 13)	- 0. 222 *** (- 6. 32)	0. 0291 (0. 24)	0. 0706 (0. 62)
年份	控制	控制	控制	控制
行业	控制	控制	控制	控制
N	1482	24559	1482	24559
adj. R^2	0. 729	0. 667	0. 455	0. 361

注：括号内为 t 值，*** 代表在 1% 的水平上显著、** 代表在 5% 的水平上显著、* 代表在 10% 的水平上显著。

三、机构投资者持股比例的影响

当公司处于良好的治理环境时，高管从事盈余管理的机会必然会受到影响。因而，如果高管学术经历对盈余管理的影响作用在治理环境更弱的环境中可能就会更加显著。机构投资者通常被视为有动机和能力约束与监督公司管理层（Shleifer and Vishny，1997），从而能够抑制公司的盈余管理行为（高雷和张杰，2008）。为此，我们按照机构投资者持股比例的大小进行分组检验。具体结果见表 5 - 10。其中，回归（1）和回归（3）是机构投资者持股比例大于均值一组的回归结果，Acd 的系数均不显著，表明当机构投资者持股比例大于均值时，高管学术经历对盈余管理均没有显著的影响。回归（2）和回归（4）是机构投资者持股比例小于均值的样本组的回归结果，Acd 的系数均显著为负，即当机构投资者持股比例小于均值时，高管学术经历与应计盈余管理、真实盈余管理均显著负相关。

表 5 - 10　　　　　　　　机构投资者持股比例的影响

变量	（1） DA INI > mean	（2） DA INI < mean	（3） REM INI > mean	（4） REM INI < mean
Acd	- 0.000401 (- 0.41)	- 0.00370 *** (- 4.23)	- 0.00831 *** (- 2.59)	- 0.00722 ** (- 2.50)
SIZE	0.0108 *** (22.96)	0.0127 *** (22.07)	- 0.0127 *** (- 8.12)	- 0.0207 *** (- 10.87)
ROA	0.429 *** (77.91)	0.600 *** (123.11)	0.0259 (1.42)	- 0.0727 *** (- 4.51)
LEV	- 0.0578 *** (- 20.28)	- 0.0297 *** (- 11.77)	0.123 *** (13.03)	0.0876 *** (10.53)
BM	- 0.0412 *** (- 16.78)	- 0.0295 *** (- 11.46)	0.131 *** (16.17)	0.141 *** (16.61)
INVREC	0.0126 *** (4.86)	0.00667 *** (2.88)	0.0314 *** (3.67)	- 0.0136 * (- 1.78)

续表

变量	(1)	(2)	(3)	(4)
	DA	DA	REM	REM
	INI > mean	INI < mean	INI > mean	INI < mean
OCF	−0.814 ***	−0.852 ***	−1.457 ***	−1.332 ***
	(−134.86)	(−145.61)	(−72.94)	(−68.96)
FIRST	0.0000235	0.000245 ***	0.000264 ***	0.000565 ***
	(0.76)	(6.55)	(2.60)	(4.57)
Mshare	0.000226 ***	0.000130 ***	−0.000731 ***	−0.00110 ***
	(4.02)	(5.50)	(−3.94)	(−14.10)
Male	−0.000137 ***	0.0000330	0.000377 **	0.000535 ***
	(−3.08)	(0.86)	(2.56)	(4.20)
Age	−0.000133	0.000114	0.00113 **	0.000765
	(−0.84)	(0.80)	(2.15)	(1.62)
年份	控制	控制	控制	控制
行业	控制	控制	控制	控制
_cons	−0.230 ***	−0.244 ***	0.145	0.174
	(−4.53)	(−7.25)	(0.87)	(1.56)
N	13723	12318	13723	12318
adj. R^2	0.615	0.732	0.363	0.375

注：括号内为 t 值，*** 代表在 1% 的水平上显著、** 代表在 5% 的水平上显著、* 代表在 10% 的水平上显著。

四、业绩压力的影响

尽管具有学术经历的高管可能保持着更高的道德标准，但这并不意味着该道德标准不会发生改变。根据"马斯洛需求理论"人的需求分为：生理、安全、社交、尊重和自我实现。在不同的时期，人的需求是不一样的。在不同的压力情境下，人们的道德标准也可能会发生改变。"文人风骨"往往在顺境中更能够得到体现，而在遇到困境时则可能被放弃。正因如此，本书接下来检验当管理层处于较大压力情境下，具体来说就是当对业绩有特殊需求时，如保盈需求、增发或配股需求、当公司处于产品市场竞争最激烈的行业时，具有学术经历的高管，是否仍然能够保持其"文人风骨"的克制，从而不轻易从事盈余管理行为。

（一）保盈动机

首先，我们检验当公司刚好达到盈亏基准线时，具有学术经历的高管是否依然体现了其"文人风骨"的治理作用。现有研究表明，出于保盈或者保壳动机，管理层存在极强的盈余管理动机（Hayn，1995；Burgstahler and Dechive，1997；陆建桥，1999；林永坚等，2013b）。本书选取当年度净资产收益率大于 0 小于 1% 的公司为子样本，一共有 1386 个公司——年度子样本。实证检验在这一类具有强烈盈余管理动机的样本中，高管的学术经历是否仍然能够发挥其"文人风骨"的一面。实证结果如表 5－11 所示，回归（1）~回归（4）中，高管学术经历的回归系数均不再显著。表明当上市公司面临保盈或者保壳需求时，高管学术经历的治理作用不再显著。

表5－11　　　　　　保盈与保壳动机下的高管学术经历与盈余管理

变量	（1）	（2）	（3）	（4）
	DA	DA	REM	REM
Acdum	−0.00338 （−1.42）		0.00756 （0.99）	
Acdratio		−0.00764 （−0.86）		0.0165 （0.58）
SIZE	0.00272 * （1.81）	0.00265 * （1.76）	0.000901 （0.19）	0.00107 （0.22）
ROA	0.827 *** （3.80）	0.830 *** （3.81）	−0.0391 （−0.06）	−0.0450 （−0.06）
LEV	0.00786 （1.13）	0.00799 （1.15）	0.0524 ** （2.35）	0.0521 ** （2.34）
INVREC	−0.00241 （−0.36）	−0.00275 （−0.41）	−0.00404 （−0.19）	−0.00325 （−0.15）

变量	(1)	(2)	(3)	(4)
	DA	DA	REM	REM
OCF	−0.861 *** (−52.36)	−0.862 *** (−52.36)	−1.165 *** (−22.13)	−1.164 *** (−22.12)
BM	0.00786 (1.19)	0.00799 (1.21)	−0.0131 (−0.62)	−0.0135 (−0.64)
FIRST	0.000185 ** (2.39)	0.000187 ** (2.41)	−0.0000471 (−0.19)	−0.0000502 (−0.20)
SOE	0.00200 (0.82)	0.00205 (0.84)	0.0188 ** (2.42)	0.0187 ** (2.40)
_cons	−0.0572 (−1.23)	−0.0559 (−1.20)	−0.0732 (−0.49)	−0.0763 (−0.51)
年度	控制	控制	控制	控制
行业	控制	控制	控制	控制
N	1386	1386	1386	1386
adj. R^2	0.679	0.678	0.303	0.303

注：括号内为 t 值，*** 代表在1%的水平上显著、** 代表在5%的水平上显著、* 代表在10%的水平上显著。

(二) 增发和配股动机

众多研究表明，进行增发或者配股的公司，有着强烈的盈余管理需求 (Cohen and Zarowin, 2010; Teoh, Welch and Wong, 1998; 李增福等, 2011)。它们往往选择在定增前后做大业绩，用以吸引投资者的关注或者用以满足增发或配股的盈利指标要求。因此，本书选取研究样本中当年度进行增发或者配股的公司为子样本，一共有3411个公司——年度子样本。实证检验在这一类具有强烈盈余管理动机的样本中，高管学术经历是否仍然能够发挥其"文人风骨"的治理作用，具体实证结果如表5-12所示。结果显示，回归 (1) ~ 回归 (4) 中，高管学术经历的回归系数均不再显著。表明当上市公司具有强烈的盈余指标要求时，高管学术经历不再具有显著的治理作用。

表 5-12   增发与配股动机下的高管学术经历与盈余管理

变量	（1）	（2）	（3）	（4）
	DA	DA	REM	REM
Acdum	0.000968 (0.52)		-0.0118 (-1.55)	
Acdratio		0.00166 (0.26)		-0.0319 (-1.45)
SIZE	0.00623 *** (5.99)	0.00627 *** (6.03)	-0.0116 *** (-3.22)	-0.0119 *** (-3.31)
ROA	0.681 *** (40.93)	0.681 *** (40.93)	-0.318 *** (-5.54)	-0.318 *** (-5.54)
LEV	-0.0304 *** (-5.14)	-0.0305 *** (-5.15)	0.0967 *** (4.74)	0.0973 *** (4.77)
INVREC	0.0141 *** (2.86)	0.0142 *** (2.87)	-0.00488 (-0.29)	-0.00512 (-0.30)
OCF	-0.959 *** (-72.88)	-0.959 *** (-72.86)	-1.422 *** (-31.30)	-1.423 *** (-31.32)
BM	-0.0218 *** (-4.08)	-0.0219 *** (-4.10)	0.125 *** (6.77)	0.125 *** (6.80)
FIRST	0.000135 ** (2.19)	0.000135 ** (2.19)	0.000165 (0.78)	0.000167 (0.79)
SOE	-0.00242 (-1.16)	-0.00247 (-1.19)	0.0233 *** (3.24)	0.0238 *** (3.31)
_cons	-0.215 *** (-3.97)	-0.215 *** (-3.98)	0.0220 (0.12)	0.0265 (0.14)
年度	控制	控制	控制	控制
行业	控制	控制	控制	控制
N	3411	3411	3411	3411
adj. R^2	0.659	0.659	0.325	0.325

注：括号内为 t 值，*** 代表在 1% 的水平上显著、** 代表在 5% 的水平上显著。

（三）产品市场竞争

产品市场竞争的激烈程度也可能影响管理层的盈余管理动机。在一个产品市场竞争激烈的行业中，由于产品、技术、市场已经完全成熟，经理人的业绩一旦不理想，便随时面临着被替换的压力。因此，产品市场竞争越激烈，管理层的业绩压力越大，盈余管理动机也就越强烈（周夏飞和周强龙，2014；陈骏和徐玉德，2011；王红建等，2015）。因此，本书选取研究样本中产品市场竞争强度最大的10%的公司为子样本，实证研究具有学术经历的管理层在面临激烈的产品市场竞争压力时，是否依然会保持其"文人风骨"的克制。实证结果如表5-13所示，其中，回归（1）~回归（2）是因变量为应计盈余管理的实证结果。与预期一致，高管学术经历的回归系数不再显著。回归（3）~回归（4）是因变量为真实盈余管理的回归结果。我们发现，此时的高管学术经历的回归系数不再为负，而是正数，且回归（4）中高管学术经历的回归系数在1%的水平上显著为正。表明在激烈的产品市场竞争中，具有学术经历的高管不仅不再保持其"文人风骨"的克制，反而开始变得贪婪，从事了更多的真实盈余管理行为。由此可见，当管理层面对巨大的逆境时，具有学术经历的高管不再保持高水平的道德标准。

表5-13　　　　高强度产品市场竞争下的高管学术经历与盈余管理

变量	（1）	（2）	（3）	（4）
	DA	DA	REM	REM
Acdum	-0.00383 （-1.57）		0.00804 （1.18）	
Acdratio		-0.00876 （-1.03）		0.0608 *** （2.58）
SIZE	0.00786 *** （6.96）	0.00768 *** （6.86）	-0.0137 *** （-4.38）	-0.0140 *** （-4.49）
ROA	0.389 *** （32.14）	0.389 *** （32.15）	-0.0757 ** （-2.25）	-0.0755 ** （-2.24）
LEV	-0.0336 *** （-4.91）	-0.0333 *** （-4.87）	0.0896 *** （4.71）	0.0913 *** （4.80）

变量	（1）	（2）	（3）	（4）
	DA	DA	REM	REM
INVREC	0.0186 *** (3.05)	0.0183 *** (3.00)	− 0.0335 ** (− 1.97)	− 0.0352 ** (− 2.07)
OCF	− 0.712 *** (− 46.75)	− 0.712 *** (− 46.77)	− 1.506 *** (− 35.58)	− 1.507 *** (− 35.63)
BM	− 0.0268 *** (− 4.37)	− 0.0264 *** (− 4.31)	0.0764 *** (4.49)	0.0771 *** (4.54)
FIRST	0.000273 *** (3.61)	0.000276 *** (3.65)	0.0000145 (0.07)	− 0.00000407 (− 0.02)
SOE	− 0.00621 ** (− 2.38)	− 0.00594 ** (− 2.29)	0.0317 *** (4.38)	0.0325 *** (4.51)
_cons	− 0.292 *** (− 3.16)	− 0.289 *** (− 3.13)	− 0.0264 (− 0.10)	− 0.0221 (− 0.09)
年度	控制	控制	控制	控制
行业	控制	控制	控制	控制
N	2737	2737	2737	2737
adj. R^2	0.513	0.513	0.401	0.402

注：括号内为 t 值，*** 代表在 1% 的水平上显著、** 代表在 5% 的水平上显著。

第六节　本章小结

本书以我国 A 股上市公司 2008～2020 年的数据为样本对高管学术经历与盈余管理之间的关系进行实证检验，结果发现，高管具有学术经历的上市公司应计盈余管理水平以及销售操控、生产操控和费用操控三个方面的真实盈余管理水平均显著更低。该发现表明，在盈余管理问题上，具有学术经历的高管充分展现了其"不为五斗米折腰"的"文人风骨"。在按照是否由国际"四大"审计的分样本研究中发现，高管学术经历与应计盈余管理、真实盈余管理的负向关系仅在非国际"四大"审计的样本中显著，表明当外部监督比较薄弱时，"文人风骨"的治理作用更为显著。在按照机构投资者持股比例大小的分样本研究中发现，高管学术经历与应计盈余管理的负向关系仅在机构投资者持股比例更小的一组显著；高管学术经历与真实盈余管理的负向关系则在两组样本中均显著。进一步研究发现，当上市公司具有保盈需求以及增发、配股需求时，或者当上市公司面临激烈的产品市场竞争时，以上高管学术经历与应计盈余管理、真实盈余管理的负向关系均不再显著。表明当面临较大的压力和困境时，具有学术经历的高管显著降低了道德标准，不再保持其"文人风骨"的克制和自律。本书的以上发现表明了具有学术经历的高管更具有"文人风骨"。

本书研究对上市公司高管团队的选聘和组建具有一定的启示意义。在上市公司的高管团队中增加一定比例的具有学术经历的管理人员有助于抑制上市公司的盈余管理行为。对监管层而言，除了进一步完善会计准则以及公司法、证券法等相关法律制度建设外，适当鼓励上市公司的高管参与高等院校的进修学习有助于抑制上市公司的盈余管理现象。

| 第六章 |

收益平滑与盈余管理

第一节 引 言

收益平滑是一种常见的盈余管理行为，它指的是经理人有意地减轻企业盈余正常波动性的盈余操控行为（Beidleman，1973）。即当企业收益相对较差时，经理人倾向于进行正向盈余管理，而当企业收益较好时，经理人倾向于进行负向盈余管理以减轻盈余正常波动性的行为。20 世纪 60 年代，戈尔丹（Gordan，1964）就预测只要经理人在会计选择上拥有自由裁量权，他们就会想方设法地使报告盈余和盈余增长率平滑化。2005 年，格雷厄姆等（Graham et al.，2005）的一个问卷调查结果显示，占压倒性的 96.9% 被访问的 CFO 表示他们更倾向于进行收益平滑处理，其中一位被访的 CFO 表示企业实际上要比报表上的盈余数字波动得多。而当问到为什么他们倾向于进行收益平滑处理时，88.7% 的被访者表示平滑的收益会让投资者觉得风险更低；57.1% 的被访者相信平滑的收益有利于降低股权和债务的成本，因为投资者对收益平滑的企业要求的风险溢价更低；42.2% 的被访者表示平滑的收益有利于企业达到并保持高水平的信用等级；66.2% 的被访者表示平滑的收益有利于让客户和供应商觉得企业较为稳定，进而有利于和它们保持一个比较好的关系。另外一种常见的解释则是（79.7% 的受访者表示）平滑的收益利于分析师和投资者预测企业的未来收益，受访的 CFO 表示不可预测的未来收益会导致更低的股价。

福登伯格和蒂罗尔（Fudenberg and Tirole，1995）和杰尔和塔库尔（Goel and Thakor，2003）等众多西方文献认为，经理人通常会采用两种方法进行收益平滑处理：第一种方法是利用会计方法进行收益平滑处理（artificial or accounting smoothing），该方法不会影响公司潜在的现金流量，常见的操控手法包括：（1）会计政策的变更，比如，存货计价方法由先进先出法改为后进先出法，固定资产折旧方法由加速折旧法改为直线折旧法。（2）会计估计的变更，比如，资产预计使用年限和估计残值的变更，存货跌价准备金、坏账准备、贷款损失准备金计提比例的变更。第二种方法是利用企业的真实经营活动或真实交易进行收益平滑处理（real or operational smoothing），该方法会直接影响公司潜在的现金流量，这种操控手法包括改变已售产品的配送时间点、期末折价促销、加速或者延迟费用支出等手段。尽管国外不少文献都实证发现了企业的收益平滑现象，然而，目前国内却极少有相关文献对上市公司的收益平滑现象进行实证研究。因此，本章将要研究的第一个问题是我国上市公司是否存在收益平滑行为。

虽然学者们一致认为经理人通常会使用会计方法和真实经营活动进行收益平滑处理，然而，大部分的文献都仅实证发现经理人利用会计方法进行收益平滑处理的现象（Moses，1987；DeFond and Park，1997；Chung，Firth and Kim，2002；Kanagaretnam et al.，2003），鲜有文献从真实经营活动操控的角度验证经理人的收益平滑行为。这可能是因为利用会计方法的盈余管理行为通常采用修正琼斯模型计算出的操控性应计利润度量，而对于经理人操控真实经营活动的盈余管理行为，却一直缺乏有效的度量方法。2006 年，来自美国麻省理工学院的学者罗伊乔杜里在已有文献的基础上，总结出销售操控、生产操控和费用操控三类真实经营操控行为的度量方法，该文的出现直接带动了真实活动盈余管理领域研究的繁荣，众多学者纷纷采用罗伊乔杜里（2006）总结出来的度量模型研究经理人的真实操控行为（Zang，2006；Cohen et al.，2008；2010；Gunny，2005，2010；李增福等，2010，2011；林永坚等，2013）。因此，本章将参考罗伊乔杜里（2006）的方法，在第一个问题的基础上实证研究我国上市公司是否存在利用真实经营活动的收益平滑行为。

福登伯格和蒂罗尔（1995）认为，经理人为了保全职位会在考虑当期盈余与未来盈余的基础上进行收益平滑处理。他们认为，如果当期业绩表现糟糕，则经理人会有动机将企业未来的盈余挪到当期以减小当期被解雇的可能性。相反，如果经理人预期企业未来业绩表现糟糕，则他们会有动机将当期盈余挪用至未来以减少未来被解雇的可能性。本章我们主要基于福登伯格和蒂罗尔（1995）的理论，以我国上市公司 2002～2011 年上市公司 A 股的数据为样本对以上问题进行实证检验，实证结果显示：我国上市公司普遍存在利用应计项目和真实经营活动进行收益平滑处理的现象，当期业绩表现糟糕而预期未来业绩表现良好的企业倾向于利用应计项目进行正向盈余管理，将未来盈余挪至当期以减少当期被解雇的可能性；当期业绩表现良好而预期未来业绩表现糟糕的企业倾向于利用应计项目进行负向盈余管理，将当期盈余挪至未来以减少未来被解雇的可能性；当期业绩表现糟糕且预期未来业绩表现也糟糕的企业则倾向于利用真实活动进行正向盈余管理，以减少被解雇的可能性；当期业绩表现良好且预期未来业绩表现也良好的企业则越不倾向于利用真实活动进行盈余管理。

本章的主要贡献在于：首先，尽管国外文献对经理人收益平滑行为的研究汗牛充栋，然而，到目前为止，却鲜有文献实证研究经理人利用真实经营活动的收益平滑行为。本章的研究弥补了国外文献在该方面研究的缺失。其次，尽管国外文献对经理人收益平滑行为进行了大量的理论和实证研究，然而国内该方面的研究却非常少见，实证研究中国上市公司的收益平滑行为的文献更是几乎一片空白，本章的研究为国内该领域的研究做了有益的尝试。

第二节　文献回顾

根据不同文献对经理人收益平滑行为研究所采用方法的不同，可以将现有收益平滑文献分为如下六类。第一类文献将会计政策变更视为经理人收益平滑的手段并检验会计政策变更对企业净收益的影响。采用这一种方法的文献如库欣（Cushing，1969）、伯德（Bird，1969）、怀特（White，1970）、摩西（Moses，1987）以及赫尔曼和井上（Herrman and Inoue，1996）等。第二类文献是检验经理人的分类平滑行为。企业的盈余通常包括经常性收益和非经常性收益，投资者通常认为经常性收益相比净收益是衡量公司价值更值得信赖的指标。而随着企业生产经营活动日趋复杂化和多样化，企业各项交易或事项的经常性与非经常性之间的界限越来越模糊，经理人正好可以以此为由实施分类平滑：即当经理人希望提高当期经常性收益时，会尽量将利得归入经常性损益类别，而将费用归入非经常性损益类别；反之，当经理人希望降低当期经常性损益时，可能会将经常性收益作为利得处理，而将损失作为经常性损益类别。这一类文献如罗宁和萨丹（Ronen and Sadan，1975）、布雷肖和埃尔丹（Brayshaw and Eldin，1989）、贝蒂（Beattie et al.，1994）、闵和尼恩（Min and Nyean，1998）和戈弗雷和琼斯（Godfrey and Jones，1999）等。第三类文献主要针对银行业企业进行研究，这些文献大多采用银行贷款损失准备金检验经理人的收益平滑行为。这一类文献如卡纳加雷特南等（Kanagaretnam et al.，2003）、丰塞卡和冈萨雷斯（Fonseca and González，2008）等。第四类文献则是利用可操控性应计利润来检验经理人的收益平滑行为。采用这一做法的如福登伯格和蒂罗尔（1995）、德方和帕克（DeFond and Park，1997）、钱尼和杰特（Chaney and Jeter，1997）、钱尼和刘易斯（Chaney and Lewis，1998）、贝尔卡乌伊（Belkaoui，2003）及肖（Shaw，2003）。

上述的四类文献其实都是研究利用会计方法的收益平滑行为，只不过大家各自的角度有所区别而已。其中前三类主要研究上市公司利用某一种会计方法进行收益平滑的行为，显然过于片面。第四类文献则综合研究上市公司利用各种会计方法进行收益平滑的行为，具有较强的概括性，本章主要参考这一类文献的做法，利用可操控性应计利润检验经理人利用会计方法的收益平滑行为。这种利用会计方法进行盈余操控的方法通常称为应计项目盈余管理。

除了应计项目盈余管理外，众多西方文献指出，经理人还会通过改变生产过程或投资时间点等真实经营活动进行收益平滑处理（Lambert，1984；Fudenberg and Tirole，1995；Goel and Thakor，2003）。但是由于真实盈余操控手段众多、各种手段又缺乏有效的度量方法，导致早期文献对经理人利用真实经营活动的收益平滑行为进行实证研究的文献并不多见。仅有少量文献是通过衍生性商品交易（Petersen and Thiagarajan；2000；Barton，2001；Huang et al.，2009）考察经理人的真实收益平滑行为（第五类文献）。这种做法显然较为片面，除了衍生性商品交易外，经理人还可能操控销售过程、生产过程和投资过程等进行盈余管理。比如当经营业绩比较糟糕时，经理人可以在年底采取折价促销、延长信用期等手段以增加当期收入；或者进行过度生产，即通过大量生产产品以减少每单位产品分摊的固定成本，进而降低已销售产品的销售成本，并最终达到提高当期利润的做法；此外，经理人还可以通过减少当期研发支出、广告费等酌量性费用的支出以提高当期业绩。上述三种操控手法的特点是相比衍生性商品交易更加隐蔽、面临的法律风险更小，是对企业的正常生产活动进行操控，简称真实活动盈余管理。

除了以上五类文献外，最后一类文献是利用伊姆霍夫（Imhoff，1977）和艾克尔（Eckel，1981）的模型检验经理人的收益平滑行为。根据伊姆霍夫（1977）和艾克尔（1981）的观点，进行收益平滑的企业其销售额的变异系数要大于其总收入的变异系数。这一类文献如伊姆霍夫（1977）、艾克尔（1981）、阿尔布莱希特和理查德森（Albrecht and Richardson，1990）、阿沙里等（Ashari et al.，1994）、米切尔森等（Michelson et al.，1995）、布斯（Booth et al.，1996）、卡尔森和巴萨拉（Carlson and Bathala，1997）、阿卜杜拉等（Abdullah et al.，2002）以及卡马鲁丁（Kamarudin et al.，2003）等。该类文献的特点是没有对应计项目盈余管理和真实活动盈余管理进行细分。

第三节 理论分析与研究假设

福登伯格和蒂罗尔（1995）认为，经理人出于保全职位的动机，往往会进行收益平滑处理。他们的盈余预测模型主要包括以下三点主要的假设：第一，经理人能够从企业经营中获得非货币性私利（经理人能够获得在任租金）；第二，糟糕的业绩表现会导致企业的直接干预（如经理人可能会被解雇），进而导致经理人无法获得在任租金；第三，在评估经理人的业绩表现时，当期经营业绩的权重要大于前期经营业绩（存在信息衰减现象，经理人过往优秀的业绩表现将不能完全弥补其未来糟糕的业绩表现）。基于以上三点假设，福登伯格和蒂罗尔（1995）指出，经理人会进行如下两种收益平滑处理。首先，在业绩表现糟糕的年份，经理人会将公司未来盈余挪至当期以夸大当期利润，进而减少被解雇的可能性。其次，在业绩表现良好的年份，经理人虽然暂时不会有被解雇的风险，但是，假如企业未来业绩表现糟糕，那么经理人未来依然很可能会被解雇。因为信息衰减现象决定其当期良好的业绩表现无法完全弥补其未来糟糕的业绩表现。因此，经理人会有动机在业绩表现良好的年份储备盈余以备将来不时之需。而最为常见的方法是利用应计项目盈余管理进行收益平滑。首先，应计项目盈余管理操控方便，经理人只需在年底通过会计手段操控即可完成；相比之下，真实活动盈余管理操控周期更长（真实交易过程往往需要一定周期方能完成）、操控难度更大（需要多部门的配合）、同时操控的结果也更难以预料（操控价格或研发支出、广告费等造成的影响难以精确衡量）。其次，应计利润"反转性"的特点决定了经理人可以利用应计项目盈余管理进行盈余"储备"，而后在业绩糟糕的年份进行"反转"，以使收益平滑化。然而，需要注意的是，经理人通常却无法利用真实活动盈余管理进行盈余储备（Chen et al.，2010），因为真实活动盈余管理往往并不适用于负向盈余管理（林永坚等，2013）。比如，从纯粹的盈余管理角度来讲经理人不大可能为了减少利润而将研发支出或广告费水平提高到一个异常高的水平（Chen et al.，2010），又如经理人也不大可能为了减少当年度利润而将销售价格提高到另一个水平，因为提高售价造成的市场份额萎缩并不会在将来"反转"（林永坚等，2013）。

综上所述，本章认为，当期业绩表现糟糕且预期未来业绩表现良好的企业以及当期业绩表现良好而预期未来业绩表现糟糕的企业倾向于利用应计项目盈余管理进行收益平滑处理。常见的应计项目盈余管理方法如：在收益好的年份经理人可能会大量计提存货跌价准备和坏账准备，而后在收益较差年份进行转回处理，反之，在收益糟糕年份经理人更倾向于减少准备金的计提；在收益较好的年份，公司对新采购的设备更倾向于采用加速折旧法（双倍余额递减法或年数总和法）计提折旧，而在收益较差的年份，公司更倾向于采用直线法计提折旧；在收益较好年份，公司对相关费用更可能采取费用化处理方式，而在收益较差年份则可能更倾向于资本化处理。不少文献都实证支持了经理人利用会计方法进行收益平滑处理的现象（DeFond and Park，1997；Kanagaretnam et al.，2003；Chung，Firth and Kim，2002）。基于以上分析，我们提出如下假设：

假设一：在其他条件相同下，当期业绩表现糟糕且预期未来业绩表现良好的企业，倾向于利用应计项目进行正向盈余管理。

假设二：在其他条件相同下，当期业绩表现良好而预期未来业绩表现糟糕的企业，倾向于利用应计项目进行负向盈余管理。

根据福登伯格和蒂罗尔（1995）的理论，我们提出了假设一和假设二。然而，福登伯格和蒂罗尔（1995）并没有对当期业绩表现糟糕且预期未来业绩表现也糟糕的企业进行预测。显然，当期业绩表现糟糕且预期未来业绩表现也糟糕的企业，经理人为了保全职位，其盈余管理的动机甚至很可能要强于其他几种情形。然而，由于企业未来业绩表现同样糟糕，这决定了经理人难以通过应计项目盈余管理挪用未来的盈余。倘若经理人此时执意利用应计项目正向盈余管理，应计利润"反转性"的特点将极有可能使企业在后期陷入"雪上加霜"的境地，经理人最终难逃被解雇的下场。相比应计项目盈余管理往往受制于以前各期盈余管理的程度，真实活动盈余管理具有更强的隐蔽性和更大的盈余操控空间（方红星和金玉娜，2011）。因此，相比其他三种情形，尽管真实活动盈余管理可能会损害公司的长期价值[①]，我们预期此时经理人可能会倾向于利用真实活动操控进行正向盈余管理以保全职位。不少文献都实证发现，经理人的确存在利用真实活动进行盈余管理的现象。比如，格雷厄姆等（2005）的调查结果显示，为了达到预定的盈余目标，管理

---

① 格雷厄姆等（2005）的调查结果显示，78% 的受访者承认为了达到收益平滑化的目的，他们愿意牺牲一定的公司价值，其中 52% 的受访者愿意牺牲少量的公司价值，24% 的受访者愿意牺牲适度的公司价值，另外 2% 的受访者表示愿意牺牲大量的公司价值以达到平滑收益的目的。

层的确会操控真实经营活动。特别是大约有80%的调查参与者指出，为了达到盈余目标他们会降低可操控性费用的支出水平，比如，研发费用、广告费用以及维修费用等；55.3%的调查参与者指出，为了达到盈余目标他们会推迟新项目的启动时间，即使这种做法可能会带来一定程度的价值损失。罗伊乔杜里（2006）发现，为了避免亏损或无法达到分析师预测目标，经理人会通过销售操控、削减费用支出以及进行过度生产以减少销售成本等手段进行正向盈余管理。林永坚等（2013）则发现，新任高管除了利用应计项目，还会利用真实活动进行盈余管理。

正如前面所述，真实活动盈余管理会损害公司的长期价值（Gunny，2005；Cohen and Zarowin，2010；李增福等，2011）。比如，折价销售会降低消费者对公司产品的未来价格预期，同时可能导致公司应收账款管理成本增加；过度生产会导致存货管理成本大幅提升，同时导致公司经营现金净流量降低；削减当期的研发支出则会牺牲公司未来的持续增长性。因此，假如企业的当期业绩表现良好且预期未来业绩表现也良好，经理人便越不可能采用这种方式进行盈余管理。更何况，真实活动盈余管理通常也并不适用于负向盈余管理。基于以上分析，我们提出如下假设：

假设三：在其他条件相同下，当期业绩表现糟糕且预期未来业绩表现也糟糕的企业，倾向于利用真实经营活动进行正向盈余管理。

假设四：在其他条件相同下，当期业绩表现良好且预期未来业绩表现也良好的企业，越不可能利用真实经营活动进行盈余管理。

第四节　研究设计

一、应计项目盈余管理的度量

应计项目盈余管理的度量采用与第五章同样的做法，即：

$$\frac{TA_t}{A_{t-1}} = \beta_0 + \beta_1 \times \frac{1}{A_{t-1}} + \beta_2 \times \frac{\Delta S_t - \Delta REC_t}{A_{t-1}} + \beta_3 \times \frac{PPE_t}{A_{t-1}} + \varepsilon_t \qquad (6-1)$$

其中，TA_t 为 t 年的应计利润，$TA_t = NI_t - CFO_t$，NI_t 为 t 年净利润，CFO_t 为 t 年经营现金净流量。ΔS_t 为 t 年的主营业务收入与 t－1 年的主营业务收入之差；ΔREC_t 为 t 年的应收账款净额与 t－1 年的应收账款净额之差；PPE_t 为 t 年的固定资产净额。利用该模型分行业分年度 OLS 回归到的残差 DAC 即为上市公司的可操控性应计利润。

二、真实活动盈余管理的度量

真实活动盈余管理的度量方法也与第五章相同，如下：

经营现金净流量 CFO 为本期销售额 S_t 与销售额变动 ΔS_t 的函数：

$$\frac{CFO_t}{A_{t-1}} = \beta_0 + \beta_1 \times \frac{1}{A_{t-1}} + \beta_2 \times \frac{S_t}{A_{t-1}} + \beta_3 \times \frac{\Delta S_t}{A_{t-1}} + \varepsilon_t \qquad (6-2)$$

产品总成本 PROD 等于产品销售成本与本期库存商品变动 ΔINV 之和，而产品销售成本为本期销售额 S_t 的函数，库存商品变动 ΔINV 为本期销售额变动 ΔS_t 及上期销售额变动 ΔS_{t-1} 的函数，因此：

$$\frac{PROD_t}{A_{t-1}} = \beta_0 + \beta_1 \times \frac{1}{A_{t-1}} + \beta_2 \times \frac{S_t}{A_{t-1}} + \beta_3 \times \frac{\Delta S_t}{A_{t-1}} + \beta_3 \times \frac{\Delta S_{t-1}}{A_{t-1}} + \varepsilon_t$$

$$(6-3)$$

酌量性费用支出 DISP 用销售费用与管理费用之和表示，国内上市公司将研发费用和广告费用汇总于销售费用和管理费用中；

$$\frac{DISP_t}{A_{t-1}} = \beta_0 + \beta_1 \times \frac{1}{A_{t-1}} + \beta_2 \times \frac{S_{t-1}}{A_{t-1}} + \varepsilon_t \qquad (6-4)$$

利用式（6－2）~式（6－4）分行业分年度多元回归求出各自的残差即为三种真实活动盈余管理方式的度量指标：异常经营现金净流量（R_CFO）、异常生产总成本（R_PROD）和异常酌量性费用支出（R_DISX）。由于当企业同时采用这三种方式做大利润时，会呈现出更高的异常生产成本、更低的异常经营现金净流量、更低的异常酌量性费用水平，因此，我们参考科恩等（2008）、藏（2006）的做法将三种方式加总，令 R_PROXY = R_PROD － R_CFO － R_DISX，代表真实活动盈余管理总量。鉴于经理人通常不可能利用真实活动操控负向盈余管理，因此，与科恩等（2010）一致，当 R_

PROXY 为负数时，本章视为不存在真实活动盈余管理现象，而非利用真实活动操控负向盈余管理。

三、经理人盈余管理动机

基于本章的假设部分，我们预期当期业绩表现较差（Cp）同时预期未来业绩表现好（Fg）的经理人有动机利用应计项目进行正向盈余管理，即经理人挪用了未来的盈余以为当期所用。反之，当期业绩表现好（Cg）而预期未来业绩表现差（Fp）的经理人则有动机利用应计项目负向盈余管理，即储备当期盈余以备后期所需。当期业绩表现较差（Cp）且预期未来业绩表现也较差（Fp）的经理人有动机利用真实经营活动进行正向盈余管理。反之，当期业绩表现好（Cg）且预期未来业绩表现同样好（Fg）的经理人则不可能利用真实活动操控进行盈余管理。

经营业绩的好坏本章参考钟、福斯和吉姆（Chung，Firth and Kim，2002）的做法，用企业当期的经营现金净流量除以滞后一期的总资产代表当期的经营业绩（OCF），同时以行业中位值（MOCF）为基准，大于中位值的定义为业绩表现良好，小于中位值的则为业绩表现糟糕。同样的道理，用未来第一年度的经营现金净流量除以总资产代表预期未来的经营业绩（OCF1），同时以未来一年的行业中位值（MOCF1）为基准，大于中位值的定义为未来业绩表现良好，小于中位值的则为未来业绩表现糟糕。需要指出的是，由于本章同时研究应计项目盈余管理和真实活动盈余管理，而后者会影响企业的经营现金净流量，因此，经营现金净流量本章用式（6－2）得到的预期值代替，同时在后文以企业实际经营现金净流量进行稳健性检验。根据前面的假设部分及福登伯格和蒂罗尔（1995），如果当期经营业绩小于行业中位值，而同时未来经营业绩大于行业中位值，则经理人有动机利用应计项目进行正向盈余管理，挪用未来盈余以作当期之用。同样的道理，如果当期经营业绩表现大于行业中位值，而同时未来经营业绩表现小于行业中位值，则经理人有动机利用应计项目进行负向盈余管理，储备当期盈余以作未来之需。当期经营业绩小于行业中位值同时未来经营业绩也小于行业中位值，则经理人有动机利用真实活动操控进行正向盈余管理。如果当期经营业绩表现大于行业中位值同时，未来经营业绩表现也大于行业中位值，则经理人不可能利用真实活动操控进行盈余管理。

四、模型设计

为了检验本章的假设一和假设二，我们构建如式（6-5），其中被解释变量为可操控性应计利润 DAC。解释变量 CpFg 是一个虚拟变量，我们对当期业绩表现糟糕（Cp）同时预期未来业绩表现良好（Fg）的企业赋值为 1，否则为 0；CgFp 也是一个虚拟变量，我们对当期业绩表现良好（Cg）同时预期未来业绩糟糕（Fp）的企业赋值为 1，否则为 0。在控制变量的选择上，我们主要参考罗伊乔杜里（2006）选择资产规模、资产负债率、资产收益率、盈余管理柔性等作为控制变量。此外，我们还加入 NASY 以控制新会计准则可能带来的影响，加入 FLAG 对同时发行 A 股和 B 股的公司进行控制。β_1 用于检验本章的假设一，预期为正；β_2 用于检验本章的假设二，预期为负。

$$DAC_{it} = \beta_0 + \beta_1 \times CpFg_{it} + \beta_2 \times CgFp_{it} + \beta_3 \times LnA_{it} + \beta_4 \times LEV_{it} + \beta_5 \times ROA_{it}$$
$$+ \beta_6 \times INVREC_{it} + \beta_7 \times NASY_{it} + \beta_8 \times FLAG_{it} + \varepsilon_{it} \qquad (6-5)$$

为了检验本章的假设三、假设四，我们构建式（6-6），其中被解释变量 DEP 分别代表异常经营现金净流量（R_CFO）、异常生产总成本（R_PROD）、异常酌量性费用支出（R_DISX）和真实活动盈余管理总量（R_PROXY）。解释变量 CpFp 是一个虚拟变量，我们对当期业绩表现糟糕（Cg）同时预期未来业绩糟糕（Fp）的企业赋值为 1，否则为 0；CgFg 也是一个虚拟变量，我们对当期业绩表现良好（Cg）同时预期未来业绩表现良好（Fg）的企业赋值为 1，否则为 0。控制变量的选择与式（6-6）相同。β_1 用于检验本章的假设三，β_2 用于检验本章的假设四。

$$DEP_{it} = \beta_0 + \beta_1 \times CpFp_{it} + \beta_2 \times CgFg_{it} + \beta_3 \times LnA_{it} + \beta_4 \times LEV_{it} + \beta_5 \times ROA_{it}$$
$$+ \beta_6 \times INVREC_{it} + \beta_7 \times NASY_{it} + \beta_8 \times FLAG_{it} + \varepsilon_{it} \qquad (6-6)$$

变量定义如表 6 - 1 所示。

表 6 - 1　　　　　　　　　　　　　　变量定义

变量	变量名称	定义
被解释变量	R_CFO	异常经营现金净流量
	R_PROD	异常生产总成本
	R_DISX	异常酌量性费用支出
	R_PROXY	真实活动盈余管理总量
	DAC	可操控性应计利润
解释变量	CpFg	当期业绩表现糟糕但未来业绩表现良好的样本取 1，否则取 0
	CgFp	当期业绩表现良好但未来业绩表现糟糕的样本取 1，否则取 0
	CgFg	当期业绩表现良好且未来业绩表现良好的样本取 1，否则取 0
	CpFp	当期业绩表现糟糕且未来业绩表现糟糕的样本取 1，否则取 0
控制变量	LnA	资产规模
	LEV	代表总资产负债率
	ROA	资产回报率
	INVREC	存货与应收账款之和
	NASY	新会计准则实施前的样本为 0，实施后的样本为 1
	FLAG	是否同时发行了 AB 股，是为 1，否则为 0

五、样本选择

本章以 2002 ~ 2011 年沪深两市中国 A 股上市公司为研究样本，并对样本执行了以下的筛选过程：（1）基于金融行业的特殊性，删除该行业样本公司；（2）删除数据缺失的样本；（3）由于各盈余管理变量均采用分行业分年度回归求得，对样本数小于 8 的组别，整个删除。最终得到 19074 个样本观测值，共 117 组行业—年数据，其中异常生产成本组有 105 组行业—年份数据。另外，为了控制极端值对回归结果的影响，对解释变量中的连续变量在 1% 分位数进行了缩尾处理（Winsorize）。所有样本数据均来自锐思金融研究数据库。

六、描述性统计

表 6 - 2 为主要变量的描述性统计，其中可操控性应计利润（DAC）均

值为 -0.0002，表明上市公司倾向于做低利润；标准差为 0.1411，表明各公司各年份间的操控性应计利润相差较大。而真实活动盈余管理各变量中异常现金净流量（R_CFO）的均值为 -0.0047，标准差为 0.1319。异常生产成本（R_PROD）的均值为 -0.0144，标准差为 0.226。异常操控性费用（R_DISX）的均值为 -0.0041，标准差为 0.1055。异常真实活动盈余管理总量（R_PROXY）的均值为 -0.0003，标准差为 0.3397。各变量的标准差都比较大，表明各企业之间的真实活动盈余管理程度同样差别较大。至于其他变量，样本公司平均盈利能力（ROA）为 0.0384，平均资产规模（LnA）为 21.10，存货和应收账款占总资产比例（INVREC）均值为 0.266，新会计准则之后的样本占总样本的 61.6%，同时发行 A 股和 B 股的样本占总样本的 4.57%。

表 6 - 2   **样本描述性统计**

变量	观测值	均值	标准差	最小值	最大值
R_CFO	19074	-0.0047	0.1319	-0.5433	0.4283
R_PROD	16420	-0.0144	0.226	-1.092	0.715
R_DISX	19074	-0.0041	0.1055	-0.4357	0.4565
R_PROXY	16420	-0.0003	0.3397	-1.97	1.529
DAC	19074	-0.0002	0.1411	-0.545	0.5241
ROA	19074	0.0384	0.0991	-0.501	0.3044
LnA	19074	21.10	1.448	7.409	28.28
LEV	19074	0.552	0.5411	0.049	4.793
INVREC	19074	0.266	0.174	-0.2362	0.976
NASY	19074	0.616	0.486	0	1
FLAG	19074	0.0457	0.2088	0	1

表 6 - 3 显示了样本公司在当期和未来不同业绩表现组合下的操控性应计利润水平。比如，CpFg 报告了当期业绩表现糟糕、未来业绩表现良好这一类组合公司的操控性应计利润水平。我们预期这些企业有动机利用应计项目进行正向盈余管理。一共有 3931 个样本属于这一类公司，其操控性应计利润均值为 0.0516，为四类组合中最大，其操控性应计利润中位值为 0.0399，同样为四类组合中最大值。这与本章的假设：该组合公司会利用应

计项目做大利润相符。此外，这一类组合中操控性应计利润大于 0 的样本数为 2701 个，占总样本 3931 个的 68.71%，同样表明了这一类组合的样本公司倾向于利用应计项目进行做大利润。

同样的道理，CgFp 报告了当期业绩表现良好、未来业绩表现糟糕这一类组合公司的操控性应计利润水平。我们预期这些企业有动机利用应计项目进行负向盈余管理。一共有 3251 个样本属于这一类公司，其操控性应计利润均值为 −0.0527，为四类组合中最小，其操控性应计利润中位值为 −0.038，同样为四类组合中最小值。这与本章的假设：该类公司会利用应计项目进行负向盈余管理相符。此外，这一类组合中操控性应计利润大于 0 的样本数为 932 个，只占总样本 3251 个的 28.67%，而小于 0 的样本则占总样本 3251 个的 71.33%，同样表明这一类样本公司倾向于利用应计项目进行负向盈余管理。

表 6-3　　　　当期与未来不同业绩表现组合下的操控性应计利润水平

		当期业绩表现糟糕 （CFO < MCFO）	当期业绩表现良好 （CFO > MCFO）
		CpFp	CgFp
预期未来 业绩糟糕 （CFO1 < MCFO1）	均值	0.0437	−0.0527
	中位值	0.0364	−0.0380
	样本数	5573	3251
	DAC > 0 样本数	3909	932
	DAC > 0 样本比例	0.7014	0.2867
		CpFg	CgFg
预期未来 业绩良好 （CFO1 > MCFO1）	均值	0.0516	−0.0449
	中位值	0.0399	−0.0363
	样本数	3931	6253
	DAC > 0 样本数	2701	1855
	DAC > 0 样本比例	0.6871	0.2967

表 6-4 报告了样本公司在当期和未来不同业绩表现组合下的真实活动盈余管理水平。比如，CpFp 报告了当期业绩表现糟糕且未来业绩表现也糟糕这一类组合公司的真实活动盈余管理水平。我们预期这些企业有动机利用

真实活动操控进行正向盈余管理。一共有 4943 个样本属于这一类公司，其真实活动盈余管理水平均值为 0.1578，为四类组合中最大，其真实活动盈余管理水平中位值为 0.1314，同样为四类组合中最大值。这与本章的假设：该组合公司会利用真实活动盈余管理做大利润相符。此外，这一类组合中真实活动盈余管理水平大于 0 的样本数为 3964 个，占总样本 4943 个的 80.19%，同样表明了这一类组合的样本公司倾向于利用真实活动操控做大利润。

表 6 - 4 当期与未来不同业绩表现组合下的真实活动盈余管理水平

		当期业绩表现糟糕 （CFO < MCFO）	当期业绩表现良好 （CFO > MCFO）
		CpFp	CgFp
预期未来 业绩糟糕 （CFO1 < MCFO1）	均值	0.1578	− 0.0846
	中位值	0.1314	− 0.0398
	样本数	4943	2813
	REM > 0 样本数	3964	1144
		0.8019	0.4067
		CpFg	CgFg
预期未来业绩良好 （CFO1 > MCFO1）	均值	0.1079	− 0.1791
	中位值	0.0984	− 0.1060
	样本数	3475	5134
	REM > 0 样本数	2553	1427
		0.7347	0.2780

同样的道理，CgFg 报告了当期业绩表现良好且未来业绩表现也良好这一类组合公司的真实活动盈余管理水平。我们预期这些企业不可能利用真实活动操控进行盈余管理。一共有 5134 个样本属于这一类公司，其真实活动盈余管理水平均值为 − 0.1791，为四类组合中最小，其真实活动盈余管理水平中位值为 − 0.106，同样为四类组合中最小值。这与本章的假设：该组合公司不可能进行真实活动盈余管理相符。此外，这一类组合中真实活动盈余管理水平大于 0 的样本数仅为 1427 个，占总样本 5134 个的 27.8%，同样表明了这一类组合的样本公司也不可能利用真实活动操控进行盈余管理。

第五节　实证结果分析

由于单因素分析并没有考虑其他因素的影响，为了进一步研究我国上市公司的收益平滑行为，我们进一步引入资产规模、资产负债率、资产收益率、盈余管理柔性等控制变量进行多元回归分析，表6－5报告了检验结果。

其中回归（1）报告了上市公司利用应计项目进行收益平滑的回归结果。从中可以看出，CpFg 的系数为正，且在1%的水平上高度显著，表明当期业绩表现糟糕且预期未来业绩表现良好的企业倾向于利用应计项目正向盈余管理，即经理人可能挪用了未来的盈余以补当期之需；CgFp 的系数为负，且在1%的水平上高度显著，表明当期业绩表现良好且预期未来业绩表现糟糕的企业倾向于利用应计项目负向盈余管理，即经理人可能对当期盈余进行"储存"以备他日之需。回归（2）~回归（5）报告了上市公司利用真实活动进行收益平滑的回归结果，其中回归（2）中的 CpFp 系数为负，在1%的水平上高度显著，表明当期业绩表现糟糕且预期未来业绩表现糟糕的企业则倾向于利用销售操控进行正向盈余管理；回归（3）中的 CpFp 系数为正，在1%的水平上高度显著，表明当期业绩表现糟糕且预期未来业绩表现糟糕的企业倾向于利用生产操控进行正向盈余管理；回归（4）中的 CpFp 系数为负，在1%的水平上高度显著，表明当期业绩表现糟糕且预期未来业绩表现糟糕的企业倾向于利用酌量性费用操控进行正向盈余管理；同理，回归（5）中的 CpFp 系数为正，在1%的水平上高度显著，表明总体而言，当期业绩表现糟糕且预期未来业绩表现糟糕的企业倾向于利用真实活动操控进行正向盈余管理。

此外，回归（2）中的 CgFg 系数为正，在1%的水平上高度显著，表明当期业绩表现良好且预期未来业绩表现良好的企业则越不可能利用销售操控进行盈余管理；回归（3）中的 CgFg 系数为负，在1%的水平上高度显著，表明当期业绩表现良好且预期未来业绩表现良好的企业越不可能利用生产操控进行盈余管理；回归（4）中的 CpFg 系数为正，在1%的水平上高度显著，表明当期业绩表现糟糕且预期未来业绩表现糟糕的企业越不可能利用酌量性费用操控进行盈余管理；同理，回归（5）中的 CpFg 系数为负，在 1% 的水平上高度显著，表明总体而言，当期业绩表现良好且预期未来业绩表现良好的企业越不可能利用真实活动操控进行盈余管理。以上的回归结果证明了本章的假设。

表 6 - 5　　　　　　　　　　　　　多元回归结果

变量	(1)	(2)	(3)	(4)	(5)
	DAC	R_CFO	R_PROD	R_DISX	R_PROXY
CpFg	0.0641 *** (27.33)				
CgFp	−0.0597 *** (−23.88)				
CpFp		−0.0560 *** (−27.96)	0.0509 *** (12.61)	−0.0102 *** (−5.42)	0.118 *** (20.47)
CgFg		0.0772 *** (39.04)	−0.0664 *** (−16.30)	0.0260 *** (13.99)	−0.168 *** (−28.92)
LnA	0.00142 ** (2.24)	−0.00888 *** (−15.83)	0.0205 *** (17.43)	−0.000721 (−1.37)	0.0306 *** (18.27)
LEV	−0.000266 (−0.13)	−0.00574 *** (−3.24)	0.0108 * (1.75)	−0.00115 (−0.69)	0.00474 (0.54)
ROA	0.538 *** (56.04)	0.240 *** (27.33)	−0.551 *** (−30.49)	−0.00526 (−0.64)	−0.778 *** (−30.21)
INVREC	0.0852 *** (15.99)	−0.147 *** (−30.91)	0.0585 *** (6.04)	0.0117 *** (2.63)	0.183 *** (13.25)
NASY	−0.0322 *** (−16.71)	−0.0169 *** (−9.95)	0.00392 (1.11)	−0.00753 *** (−4.72)	0.0293 *** (5.80)
FLAG	−0.00215 (−0.49)	−0.000383 (−0.10)	−0.00470 (−0.61)	0.00619 * (1.70)	−0.00672 (−0.61)
_cons	−0.0566 *** (−4.14)	0.216 *** (17.83)	−0.445 *** (−17.56)	0.00727 (0.64)	−0.674 *** (−18.64)
N	19074	19074	16420	19074	16420
Adj − R²	0.2048	0.2885	0.1342	0.1097	0.2165

注：括号内为 t 值，*** 代表在 1% 的水平上显著、** 代表在 5% 的水平上显著、* 代表在 10% 的水平上显著。

第六节　本章小结

福登伯格和蒂罗尔（1995）认为，经理人基于职位保全动机会在考虑当期以及未来的相对业绩表现的基础上进行收益平滑处理。基于该理论，本章对中国上市公司的收益平滑行为进行实证研究，结果显示，当期业绩表现糟糕且预期未来业绩表现良好的企业倾向于利用应计项目正向盈余管理，即挪用未来盈余以补当期之需；当期业绩表现良好且预期未来业绩表现糟糕的企业倾向于利用应计项目负向盈余管理，即储存当期盈余以备他日之需。我们的发现支持了福登伯格和蒂罗尔（1995）的理论。

更重要的是，本章还通过实证研究发现，经理人除了利用会计方法进行收益平滑处理外，还会通过销售操控、生产操控和酌量性费用操控等手段进行收益平滑处理，即当期业绩表现糟糕且预期未来业绩表现糟糕的企业倾向于利用真实活动进行正向盈余管理；当期业绩表现良好且预期未来业绩表现良好的企业则越不可能利用真实活动进行盈余管理。本章的发现为现有收益平滑文献提供了有益的补充，同时，为经理人利用真实活动操控进行收益平滑处理提供了经验证据。

第七章

真实活动盈余管理的经济后果

第一节　引　　言

　　前面我们从高管变更和收益平滑动机两个角度证实了我国上市公司广泛存在着利用真实经营活动进行利润操控的现象。为了进一步证实真实活动盈余管理的普遍性，本章我们还将从传统的资本市场动机的角度证实上市公司普遍存在着真实活动盈余管理行为。当然，证实我国上市公司广泛存在着真实活动盈余管理行为，只是本书的第一个目的。本书要研究的另一个问题是：既然我国也广泛存在真实活动盈余管理现象，那么是什么原因导致了这种现象的产生，这种现象又将带来怎样的经济后果？

　　国外已有研究表明，真实活动盈余管理是监管层意图减少会计盈余操控裁量权的一个潜在后果（Ewert and Wagenhofer，2005；Gunny，2010）。科恩等（2008）研究发现，在萨班斯法案通过之前，美国公司的应计项目盈余管理行为逐年稳定增加，但是在萨班斯法案实施后，这些公司应计项目盈余管理显著下降，而真实活动盈余管理则显著上升。表明随着会计准则以及相关法律法规的持续完善，上市公司应计项目盈余管理的空间逐渐缩小，这迫使公司转向使用真实活动盈余管理进行利润操控。那么，我国 2007 年新会计准则的实施是否会成为上市公司进行真实活动盈余管理的"润滑剂"？

本章以微盈公司为研究对象,利用沪深 A 股上市公司 2002～2011 年的数据为样本对以上问题进行实证检验。结果显示,微盈公司显著存在利用应计项目以及真实活动进行正向盈余管理的行为。相比新会计准则实施前,微盈公司在新会计准则实施后利用应计项目正向盈余管理的程度显著减少,利用真实活动正向盈余管理的程度显著增加,表明新会计准则的实施促使微盈公司转向利用更加隐蔽的真实活动盈余管理进行利润操控。进一步研究发现,在控制了资产规模、资产回报率、年持有收益率、操控性应计利润以及成长性等影响因素后,上市公司真实活动盈余管理的程度与其后期的业绩表现显著负相关,表明真实活动盈余管理行为会损害公司的长期价值。

第二节　研究假设

众多文献研究发现,上市公司为了避免亏损会进行盈余管理。通常而言,上市公司一旦亏损容易引起投资者丧失信心,从而导致股票价格下跌。一方面,会直接损害股东价值,另一方面,会增加公司后续的融资成本。另外,许多上市公司经理人员的薪酬与公司的业绩直接挂钩。当公司出现亏损时,经理人员所期待的奖金可能就无法获得。出现亏损的公司,如果在后续年度不能立刻扭亏为盈的话,便不得不面对特别处理、暂停上市、退市等资本市场政策的限制。因此,当公司出现亏损时,公司的经理人员通常都有强烈的动机进行正向盈余管理以求"保盈"。罗伊乔杜里(2006)、甘尼(2010)等都发现,微盈公司存在利用真实活动进行正向盈余管理的现象。我国学者陆建桥(1999)、陈晓等(2004)等则从应计项目盈余管理的角度证明了上市公司的确存在为了避免年度亏损而管理盈余的行为。基于以上分析,我们提出如下假设:

假设一:微盈公司存在利用应计项目和真实活动进行利润操控的盈余管理行为。

众所周知,会计语言是管理者与公司外部利益相关者交流的工具(US FASB,1984)。管理者通过会计报告向公司的利益相关者传递公司财务状况和经营业绩信息。为了提高会计报告信息的相关性和可靠性，会计准则通常允许管理者拥有相当的自主判别权，以凭借其对经济活动及其机会的了解，选择符合公司经济情形的会计方法、会计估计和披露方式。然而，这同时也给了管理者运用职业判断进行盈余管理的机会，即管理者可能会不选择最能准确反映其公司真实经济情形的会计方法和会计估计，却转而选择最能帮助其达到预期盈余的会计方法和会计估计。因此，会计准则成为管理者进行盈余管理时的一个可利用的工具。它的严密性和完备性直接影响着管理当局盈余管理难度的高低。

近些年来，越来越多的研究表明，随着会计准则和相关法律制度的日臻完善以及监管层监管力度的加强，上市公司基于会计准则进行盈余操控的空间越来越小。我国财政部于 2006 年 2 月 15 日发布了新的企业会计准则体系，并于 2007 年 1 月 1 日起正式实施。它从存货计价方法选择、资产减值、企业合并、债务重组以及公允价值等方面对企业会计准则都做了进一步的规范，极大地缩小了上市公司盈余管理的空间。比如，新会计准则规定企业计提的长期资产减值准备一经确认，在以后会计区间不得转回。这便切断了上市公司利用长期资产减值转回粉饰公司业绩的后路。再比如，新会计准则取消了存货计量模式中的后进先出法，这同样减少了上市公司利用不同会计政策进行盈余管理的空间。罗伊乔杜里（2006）认为，利用应计项目进行盈余管理给管理者带来了相应的风险。当这种做法被会计准则取缔时，管理者只能放弃相应的应计项目盈余管理方式，否则将由于财务欺诈而被投诉或者被捕。由此可见，随着新会计准则的实施，国内公司利用应计项目进行盈余操控的空间必将越来越小。然而，这并不意味着管理层的盈余管理行为会就此消失。因为监管层意图减少会计盈余操控裁量权的一个潜在后果可能是真实活动盈余管理的出现（Gunny，2010）。埃沃特和瓦根霍费尔（2005）和科恩等（2007）都研究发现，会计准则的日臻完善以及萨班斯法案的实施在缩小了上市公司应计项目盈余管理空间的同时，却促使公司转向利用真实活动进行盈余管理。基于以上分析，我们提出如下假设：

假设二：相比新会计准则实施前，微盈公司在新会计准则实施后应计项目盈余管理程度显著下降，真实活动盈余管理程度显著增加。

通常而言，应计项目盈余管理不会改变公司的经营现金净流量，它只会改变盈余在不同会计期间的分布，而不会改变各个会计期间的盈余总额（应计利润具有"反转型"的特点）。相比之下，真实活动盈余管理却是以扭曲公司的正常生产和经营活动为代价的，它会改变公司的经营现金净流量，进而会给公司的长期价值带来伤害。比如，销售操控会降低消费者对公司产品的未来价格预期，同时可能导致公司应收账款管理成本增加；过度生产会导致存货管理成本大幅提升，同时导致公司经营现金净流量降低；削减当期的研发支出则是以牺牲公司未来的持续增长性为代价。因此，相比应计项目盈余管理这种"温和"的盈余操控手段，真实活动盈余管理给公司价值带来的损害往往是"过之而无不及"的。比如，甘尼（2005）对真实活动盈余管理的经济后果进行实证研究，结果发现，真实活动盈余管理与企业未来经营业绩显著负相关。另外，藏（2006）和科恩等（2010）也有同样的发现。基于以上分析，我们提出如下假设：

假设三：真实活动盈余管理程度与上市公司的未来经营业绩负相关。

第三节　研究设计

一、应计项目盈余管理的度量

应计项目盈余管理的度量方法与前面一样，具体如下：

$$\frac{TA_t}{A_{t-1}} = \beta_0 + \beta_1 \times \frac{1}{A_{t-1}} + \beta_2 \times \frac{\Delta S_t - \Delta REC_t}{A_{t-1}} + \beta_3 \times \frac{PPE_t}{A_{t-1}} + \varepsilon_t \qquad (7-1)$$

其中，TA_t 为 t 年的应计利润，$TA_t = NI_t - CFO_t$，NI_t 为 t 年净利润，CFO_t 为 t 年经营现金净流量。ΔS_t 为 t 年的主营业务收入与 t-1 年的主营业务收入之差；ΔREC_t 为 t 年的应收账款净额与 t-1 年的应收账款净额之差；PPE_t 为 t 年的固定资产净额。利用该模型分行业分年度 OLS 回归到的残差 DA，即为上市公司的可操控性应计利润。

二、真实活动盈余管理的度量

真实活动盈余管理的度量方法与前面一致，具体如下：

经营现金净流量 CFO 为本期销售额 S_t 与销售额变动 ΔS_t 的函数：

$$\frac{CFO_t}{A_{t-1}} = \beta_0 + \beta_1 \times \frac{1}{A_{t-1}} + \beta_2 \times \frac{S_t}{A_{t-1}} + \beta_3 \times \frac{\Delta S_t}{A_{t-1}} + \varepsilon_t \qquad (7-2)$$

产品总成本 PROD 等于产品销售成本与本期库存商品变动 ΔINV 之和，而产品销售成本为本期销售额 S_t 的函数，库存商品变动 ΔINV 为本期销售额变动 ΔS_t 及上期销售额变动 ΔS_{t-1} 的函数，因此：

$$\frac{PROD_t}{A_{t-1}} = \beta_0 + \beta_1 \times \frac{1}{A_{t-1}} + \beta_2 \times \frac{S_t}{A_{t-1}} + \beta_3 \times \frac{\Delta S_t}{A_{t-1}} + \beta_3 \times \frac{\Delta S_{t-1}}{A_{t-1}} + \varepsilon_t$$

$$(7-3)$$

操控性费用支出 DISP 用销售费用与管理费用之和表示，国内上市公司将研发费用和广告费用汇总于销售费用和管理费用中；

$$\frac{DISP_t}{A_{t-1}} = \beta_0 + \beta_1 \times \frac{1}{A_{t-1}} + \beta_2 \times \frac{S_{t-1}}{A_{t-1}} + \varepsilon_t \qquad (7-4)$$

利用式（7-2）~式（7-4）分行业分年度多元回归求出各自的残差即为三种真实活动盈余管理方式的度量指标：异常经营现金净流量（R_CFO）、异常生产总成本（R_PROD）和异常操控性费用支出（R_DISP）。鉴于企业有可能同时采取以上三种方式进行盈余管理，因此，我们参考科恩等（2008）、藏（2006）的做法将三种真实活动盈余管理加总。由于当企业同时采用这三种方式做大利润时，会呈现出更高的异常生产成本、更低的经营现金净流量、更低的可操控性费用水平，因此，我们令 R_PROXY = R_PROD - R_CFO - R_DISP。

三、检验模型与变量

本章将资产回报率（ROA）大于等于 0 且小于 1% 的样本定义为微盈公司。为了检验本章的假设一和假设二，我们借鉴罗伊乔杜里（2005）的做法，分别建立如下的多元回归模型（7-5）和模型（7-6），主要的控制变量包括公司规模（LnA）、资产负债率（DEBT）、资产回报率（ROA）、公司成长性（MB）以及盈余管理柔性（INVREC）等。

$$EM_n = \beta_0 + \beta_1 \times SUSPECT + \beta_2 \times LnA_t + \beta_3 \times MB_t + \beta_4 \times DEBT_t$$
$$+ \beta_5 \times INVREC_t + \beta_6 \times ROA_t + \sum \gamma_i \times Industry$$
$$+ \sum \delta_i \times Year + \varepsilon \qquad (7-5)$$

$$EM_n = \beta_0 + \beta_1 \times NASY + \beta_2 \times LnA_t + \beta_3 \times MB_t + \beta_4 \times DEBT_t$$
$$+ \beta_5 \times INVREC_t + \beta_6 \times ROA_t + \sum \gamma_i \times Industry + \varepsilon \qquad (7-6)$$

为了检验本章的假设三，我们借鉴甘尼（2005）的做法，建立多元回归模型（7-7），检验真实活动盈余管理与后续三个年度的经营业绩表现之间的关系。其中 $j = 1, 2, 3$；$n = 1, 2, 3, 4$；EM_n 分别代表 R_CFO、R_PROD、R_DISP、R_PROXY。其中 R_CFO 和 R_DISP 越大，代表企业利用销售操控和费用操控正向盈余管理的程度越小。R_PROD 越大，代表企业利用生产操控正向盈余管理的程度越大。R_PROXY 越大，代表企业利用多种真实经营活动正向盈余操控的程度越大。具体变量定义如表7-1所示。

$$ROA_{t+j} = \beta_0 + \beta_1 \times EM_n + \beta_2 \times LnA_t + \beta_3 \times MB_t + \beta_4 \times RET_t$$
$$+ \beta_5 \times TACC_t + \beta_6 \times ROA_t + \sum \gamma_i \times Industry$$
$$+ \sum \delta_i \times Year + \varepsilon \qquad (7-7)$$

表7-1　　　　　　　　　　　　变量定义

变量	变量名称	解释
被解释变量	R_CFO	异常经营现金净流量
	R_PROD	异常生产总成本
	R_DISP	异常操控性费用支出
	R_PROXY	真实活动盈余管理总量
	DA	可操控应计利润
解释变量	SUSPECT	ROA 大于等于 0 且小于 1% 的样本为 1，否则取 0
	NASY	新会计准则实施之后为 1，否则为 0
	LnA	资产规模

续表

变量	变量名称	解释
解释变量	Debt	资产负债率
	MB	公司成长性
	ROA	资产回报率
	RET	股票收益率
	TACC	代表应计利润，等于净利润减去经营现金净流量
	INVREC	存货与应收账款之和

四、样本选择

本章以 2002 ~ 2011 年沪深两地中国 A 股上市公司为研究样本，并对样本执行了以下的筛选过程：（1）基于金融行业的特殊性，删除该行业样本公司；（2）删除数据缺失的样本；（3）由于各盈余管理变量均采用分行业分年度回归求得，对样本数小于 8 的组别，整个删除。最终得到 19074 个样本观测值，共 117 组行业—年数据，其中异常生产成本组有 105 组行业—年份数据。另外，为了控制极端值对回归结果的影响，对解释变量中的连续变量在 1% 分位数进行了缩尾处理（Winsorize）。所有样本数据均来自锐思金融研究数据库。样本分布如下：表 7 - 2 和表 7 - 3 是所有样本按年度和行业划分的样本分布情况。表 7 - 4 和表 7 - 5 是微盈公司按年度和行业的分布情况，从中可看出微盈公司一共有 2273 个。平均而言，每个年度大约有 10% 的上市公司属于微盈公司，它们分布在各个行业中，其中发生频率最高的是制造、批发和零售贸易、房地产等行业，尤其是制造业占的比重达到 57.81%，这主要是因为制造业是一个大类，在我国上市公司占的比重本身就很高。

表 7 - 2　　　　　　　　　　**总样本按年份分布**

年份	样本数（个）	样本占比（%）	样本累积占比（%）
2002	1243	6.52	6.52
2003	1332	6.98	13.50
2004	1488	7.80	21.30

续表

年份	样本数（个）	样本占比（%）	样本累积占比（%）
2005	1586	8.31	29.62
2006	1668	8.74	38.36
2007	1912	10.02	48.39
2008	2250	11.80	60.18
2009	2494	13.08	73.26
2010	2545	13.34	86.60
2011	2556	13.40	100.00
Total	19074	100.00	

表7-3　　　　　　　　　　　总样本按行业分布

行业代码	行业名称	样本数（个）	样本占比（%）	样本累积占比（%）
A	农，林，牧，渔	339	1.78	1.78
B	采掘	462	2.42	4.20
C	制造	11534	60.47	64.67
D	电力，煤气及水	664	3.48	68.15
E	建筑	346	1.81	69.96
F	交通运输，仓储	714	3.74	73.71
G	信息技术	1456	7.63	81.34
H	批发和零售贸易	1132	5.93	87.28
J	房地产	1123	5.89	93.16
K	社会服务	523	2.74	95.91
L	传播与文化产业	142	0.74	96.65
M	综合类	639	3.35	100.00
Total		19074	100.00	

表7-4　　　　　　　　　　微盈样本按年份分布情况

年份	样本数（个）	样本占比（%）	样本累积占比（%）
2002	182	8.01	8.01
2003	225	9.90	17.91
2004	252	11.09	28.99
2005	261	11.48	40.48
2006	257	11.31	51.78

年份	样本数（个）	样本占比（%）	样本累积占比（%）
2007	168	7.39	59.17
2008	233	10.25	69.42
2009	251	11.04	80.47
2010	203	8.93	89.40
2011	241	10.60	100.00
Total	2273	100.00	

表7-5　　　　　　　微盈样本按行业分布情况

行业代码	行业名称	样本数（个）	样本占比（%）	样本累积占比（%）
A	农，林，牧，渔	37	1.63	1.63
B	采掘	21	0.92	2.55
C	制造	1314	57.81	60.36
D	电力，煤气及水生产和供应	113	4.97	65.33
E	建筑	40	1.76	67.09
F	交通运输，仓储	54	2.38	69.47
G	信息技术	126	5.54	75.01
H	批发和零售贸易	198	8.71	83.72
J	房地产	185	8.14	91.86
K	社会服务	58	2.55	94.41
L	传播与文化产业	11	0.48	94.90
M	综合类	116	5.10	100.00
Total		2273	100.00	

第四节　实证结果分析

一、变量描述性统计

表7-6为变量描述性统计，其中真实活动盈余管理各变量中异常现金

净流量的均值为 -0.0047，异常生产成本的均值为 -0.0144，异常操控性费用的均值为 -0.0041，异常真实活动盈余管理总量的均值为 -0.0003，样本可操控性应计利润的均值为 -0.0002。微盈公司占总体样本的比例为11.91%，上市公司存货和应收账款占总资产比例约为26.6%。

表 7 - 6 样本描述性统计

变量	观测值	均值	标准差	最小值	最大值
R_CFO	19074	-0.0047	0.1319	-0.5433	0.4283
R_PROD	16420	-0.0144	0.226	-1.092	0.715
R_DISX	19074	-0.0041	0.1055	-0.4357	0.4565
R_PROXY	16420	-0.0003	0.3397	-1.97	1.529
DA	19074	-0.0002	0.1411	-0.545	0.5241
SUSPECT	19074	0.1191	0.3239	0	1
ROA	19074	0.0384	0.0991	-0.501	0.3044
LnA	19074	21.10	1.448	7.409	28.28
DEBT	19073	0.552	0.5411	0.049	4.793
INVREC	19074	0.266	0.174	-0.2362	0.976
MB	19074	1.701	1.39	0.2306	70.27
RET	19074	0.302	0.889	-0.9093	16.119

二、皮尔森相关系数

表7-7报告了微盈公司各盈余管理变量之间的皮尔森（Pearson）相关系数。从表7-7中可以看出，异常现金净流量 R_CFO 与异常操控性费用 R_DISX 正相关、与异常生产成本 R_PROD 和真实活动盈余管理总量 R_PROXY 负相关，表明微盈公司可能同时利用销售操控、生产操控和费用操控进行盈余管理。可操控应计利润 DA 与异常现金净流量 R_CFO 和异常操控性费用 R_DISX 负相关、与异常生产成本 R_PROD 和真实活动盈余管理总量 R_PROXY 正相关，表明微盈公司可能同时利用应计项目与真实活动进行盈余管理。另外，当上市公司利用过度生产进行盈余管理时，也会同时造成应计利润的上升以及异常经营现金净流量的下降（过度生产会同时导致净利润的

增加以及异常现金净流量降低,而应计利润＝净利润－异常现金净流量),
这也是两者负相关的一个原因所在。由此可见,微盈公司为了"保盈",可
能会同时采取多种方法进行利润操控。

表7－7　　　　　微盈公司各盈余管理变量皮尔森相关系数

变量	DA	R_CFO	R_PROD	R_DISX	R_PROXY
DA	1				
R_CFO	－ 0. 672	1			
R_PROD	0. 195	－ 0. 0416	1		
R_DISX	－ 0. 0126	0. 0101	－ 0. 320	1	
R_PROXY	0. 427	－ 0. 455	0. 870	－ 0. 511	1

三、差异性检验

表7－8列示了微盈公司、非微盈公司盈余管理变量的均值与中位值对
比情况。从表7－8中可以看出,微盈公司异常现金净流量的均值和中位值
分别为－0.028和－0.023,两者均显著低于非微盈公司;异常生产成本的均
值和中位值分别为0.045和0.042,两者均显著高于非微盈公司;异常操控
性费用的均值和中位值分别为－0.0293和－0.027,两者均显著低于非微盈
公司;真实活动盈余管理总量均值和中位值分别为0.103和0.0918,两者均
显著高于非微盈公司。以上发现表明,微盈公司可能利用真实活动进行了正
向盈余管理,这与现有文献罗伊乔杜里(2006)、甘尼(2010)等的发现一致。

表7－8　　　　　微盈公司盈余管理变量差异性检验

变量	均值			中位值		
	非微盈	微盈	差异（t 值）	非微盈	微盈	差异（Z 值）
DA	－ 0. 0001	－ 0. 0015	0. 0014 (0. 4493)	－ 0. 0013	－ 0. 0011	－ 0. 0002 （－ 0. 875）
R_CFO	－ 0. 001	－ 0. 028	0. 027 *** (9. 163)	－ 0. 0018	－ 0. 023	0. 021 *** (12. 68)
R_PROD	－ 0. 023	0. 045	－ 0. 068 *** （－ 12. 960）	－ 0. 0005	0. 042	－ 0. 0425 *** （－ 17. 861）

续表

变量	均值			中位值		
	非微盈	微盈	差异（t值）	非微盈	微盈	差异（Z值）
R_DISX	− 0.0007	− 0.0293	0.028 *** （12.181）	− 0.013	− 0.027	0.014 *** （13.817）
R_PROXY	− 0.015	0.103	− 0.119 *** （− 15.042）	0.0129	0.0918	− 0.0789 *** （− 18.057）

注：均值差异检验为均值参数检验 t 值，中位数检验为 Wilcoxon rank – sum（Mann – Whitney）检验 Z 值。括号内为 t 值，*** 代表在 1% 的水平上显著。

四、盈余管理与新会计准则

表 7 - 9 列示了微盈公司在新会计准则颁布前后各盈余管理变量的统计结果。从中可以看出，相比新会计准则实施前，微盈公司在新会计准则实施后呈现出更低的可操控应计利润、更低的异常经营现金净流量、更高的异常生产成本、更低的异常操控性费用以及更高的真实活动盈余管理总量。表明新会计准则的实施导致微盈公司的应计项目盈余管理程度显著减小，真实活动盈余管理程度显著增加。初步证明了本章的假设二。

表 7 - 9　　　　微盈公司新会计准则前后各盈余管理变量对比

变量	新会计准则前（1） 2002 ~ 2006 年	新会计准则后（2） 2007 ~ 2011 年	DIFF（1）-（2）
DA	0.0112	− 0.0151	0.0263 *** （5.9922）
R_CFO	− 0.0171	− 0.0407	0.0236 *** （5.706）
R_PROD	0.0301	0.0594	− 0.0292 *** （− 3.754）
R_DISX	− 0.0209	− 0.0384	0.0175 *** （6.6479）
R_PROXY	0.0670	0.1370	− 0.070 *** （− 6.9323）
N	1177	1096	2273

注：括号内为 t 值，*** 代表在 1% 的水平上显著。

五、多元回归结果分析

表 7 - 10 报告了微盈公司与各盈余管理变量之间关系的多元回归结果。其中回归（1）中 SUSPECT 的系数显著为正，表明微盈公司显著存在着利用应计项目进行正向盈余管理的现象；回归（2）中 SUSPECT 显著为负，表明微盈公司显著存在着利用销售操控进行正向盈余管理的现象；回归（3）中 SUSPECT 显著为正，表明微盈公司显著存在着利用生产操控进行正向盈余管理的现象；回归（4）中 SUSPECT 显著为负，表明微盈公司显著存在着利用费用操控进行正向盈余管理的现象；回归（5）中 SUSPECT 显著为正，同样表明微盈公司利用真实活动进行了正向盈余管理。这与本章假设一完全一致。另外，MB 的系数显著为正，表明成长性越高的公司越可能进行盈余管理，这与斯金纳和斯隆（Skinner and Sloan，2002）的研究结论一致；INVREC 的系数为正，表明库存和应收账款占比越大的公司越可能进行盈余管理，这与罗伊乔杜里（2006）的发现一致。

表 7 - 10　　　　　　　　　　微盈公司与盈余管理

变量	(1)	(2)	(3)	(4)	(5)
	DA	R_CFO	R_PROD	R_DISX	R_PROXY
SUSPECT	0.0148 *** (4.97)	− 0.0099 *** (− 3.61)	0.0433 *** (8.50)	− 0.0281 *** (− 11.81)	0.0796 *** (10.55)
LnA	0.0008 (1.23)	− 0.008 *** (− 12.75)	0.0194 *** (15.92)	− 0.0003 (− 0.57)	0.0279 *** (15.47)
DEBT	− 0.0159 *** (− 7.63)	0.0083 *** (4.33)	0.0115 *** (3.22)	− 0.0009 (− 0.56)	0.0102 * (1.93)
MB	0.0006 *** (2.75)	− 0.0015 *** (− 6.83)	0.0004 (1.05)	− 0.0007 *** (− 3.72)	0.0024 *** (4.27)
INVREC	0.0949 *** (17.18)	− 0.199 *** (− 38.71)	0.0986 *** (10.17)	− 0.00347 (− 0.79)	0.289 *** (20.14)
ROA	0.425 *** (37.67)	0.402 *** (38.42)	− 0.627 *** (− 31.35)	0.0172 * (1.91)	− 0.998 *** (− 33.69)

续表

变量	(1)	(2)	(3)	(4)	(5)
	DA	R_CFO	R_PROD	R_DISX	R_PROXY
_cons	-0.0534***	0.200***	-0.442***	0.0076	-0.654***
	(-3.62)	(14.62)	(-16.64)	(0.65)	(-16.60)
行业和年份	控制	控制	控制	控制	控制
N	19073	19073	16419	19073	16419

注：括号内为 t 值，*** 代表在 1% 的水平上显著、* 代表在 10% 的水平上显著。

表 7-11 报告了微盈公司盈余管理与新会计准则之间的关系。其中回归（1）中 NASY 的系数显著为负，表明新会计准则实施后，微盈公司应计项目盈余管理程度显著降低；回归（2）中 NASY 的系数显著为负、回归（3）中 NASY 的系数显著为正、回归（4）中 NASY 的系数显著为负、回归（5）中 NASY 的系数显著为正，表明微盈公司在新会计准则实施后真实活动盈余管理的程度显著增加。以上发现表明，随着新会计准则的实施，微盈公司利用应计项目进行盈余管理的空间越来越小，这导致微盈公司转向使用真实活动进行盈余管理。表 7-12 报告了所有样本各盈余管理变量与新会计准则之间的关系，实证结果与表 7-11 基本一致。表明真实活动盈余管理可能是监管层意图减少会计盈余操控裁量权的一个潜在后果（Gunny，2010）。假设二得到验证。

表 7-11　　　　　　　新会计准则与盈余管理（微盈公司样本）

变量	(1)	(2)	(3)	(4)	(5)
	DA	R_CFO	R_PROD	R_DISX	R_PROXY
NASY	-0.0162***	-0.0244***	0.0328***	-0.0215***	0.0755***
	(-3.27)	(-5.29)	(3.68)	(-7.22)	(6.55)
LnA	-0.007***	0.0012	0.0086**	0.0042***	0.007
	(-3.75)	(0.66)	(2.40)	(3.44)	(1.51)
DEBT	-0.0278***	0.0127*	0.0225	-0.0161***	0.0299
	(-3.40)	(1.67)	(1.58)	(-3.28)	(1.63)
MB	-0.0114**	-0.0035	-0.0178**	0.0058**	-0.0178*
	(-2.64)	(-0.89)	(-2.36)	(2.24)	(-1.83)

续表

变量	(1)	(2)	(3)	(4)	(5)
	DA	R_CFO	R_PROD	R_DISX	R_PROXY
INVREC	0.046 *** (3.64)	− 0.110 *** (− 9.30)	0.0668 *** (3.01)	0.0074 (0.97)	0.161 *** (5.61)
ROA	− 1.687 ** (− 2.03)	1.582 ** (2.05)	− 1.827 (− 1.23)	0.587 (1.18)	− 3.892 ** (− 2.03)
_cons	0.198 *** (4.36)	− 0.0245 (− 0.58)	− 0.151 * (− 1.87)	− 0.113 *** (− 4.15)	− 0.0996 (− 0.95)
行业	控制	控制	控制	控制	控制
N	2273	2273	2075	2273	2075

注：括号内为 t 值，*** 代表在1%的水平上显著、** 代表在5%的水平上显著、* 代表在10%的水平上显著。

表 7 - 12　　　　　　　　新会计准则与盈余管理（全部样本）

变量	(1)	(2)	(3)	(4)	(5)
	DA	R_CFO	R_PROD	R_DISX	R_PROXY
NASY	− 0.0256 *** (− 12.75)	− 0.0177 *** (− 9.47)	0.004 (1.10)	− 0.0076 *** (− 4.72)	0.0298 *** (5.54)
LnA	0.0014 ** (2.08)	− 0.0078 *** (− 12.59)	0.0198 *** (16.22)	− 0.0005 (− 1.05)	0.0283 *** (15.65)
DEBT	− 0.0146 *** (− 7.04)	0.0098 *** (5.08)	0.0102 *** (2.84)	0.0003 (0.23)	0.0069 (1.30)
MB	0.0008 *** (3.41)	− 0.0013 *** (− 6.31)	0.0003 (0.93)	− 0.0006 *** (− 3.39)	0.0022 *** (3.86)
INVREC	0.0999 *** (18.11)	− 0.196 *** (− 38.18)	0.0997 *** (10.25)	− 0.0031 (− 0.70)	0.288 *** (20.02)
ROA	0.447 *** (39.27)	0.427 *** (40.37)	− 0.652 *** (− 32.21)	0.0394 *** (4.31)	− 1.066 *** (− 35.55)
_cons	− 0.051 *** (− 3.47)	0.205 *** (14.97)	− 0.447 *** (− 16.77)	0.0128 (1.08)	− 0.667 *** (− 16.89)
行业	控制	控制	控制	控制	控制
N	19073	19073	16419	19073	16419

注：括号内为 t 值，*** 代表在1%的水平上显著、** 代表在5%的水平上显著。

　　表 7-13 报告了真实活动盈余管理与后续首个会计年度资产回报率之间的关系。其中回归（1）中的系数显著为正，表明越没有采用销售操控进行盈余管理的公司，其 ROA_{t+1} 越大；换句话说，采用销售操控进行盈余管理的公司其 ROA_{t+1} 越小。同理，回归（2）中的系数显著为负，表明采用过度生产进行盈余管理的公司其 ROA_{t+1} 越小。回归（3）中的系数显著为正，表明采用费用操控进行盈余管理的公司其 ROA_{t+1} 越小。回归（4）中的系数显著为负，表明总的来说，真实活动盈余管理程度越大，ROA_{t+1} 越小。由此可见，真实活动盈余管理会导致后续首个年度业绩的滑坡。

表 7-13　　　　　　　　　　真实活动盈余管理与 ROA_{t+1}

变量	ROA_{t+1}			
	（1）	（2）	（3）	（4）
R_CFO	0.0653 *** (12.44)			
R_PROD		-0.0477 *** (-13.36)		
R_DISX			0.0752 *** (12.12)	
R_PROXY				-0.0353 *** (-15.94)
MB	0.0008 * (1.83)	0.0012 *** (2.71)	0.0008 * (1.87)	0.0014 *** (3.15)
LnA	-0.0013 *** (-2.98)	0.0031 *** (5.88)	-0.0015 *** (-3.31)	0.003 *** (5.83)
ROA	0.509 *** (77.99)	0.440 *** (59.94)	0.531 *** (84.69)	0.437 *** (59.87)
RET	0.003 *** (4.22)	0.0029 *** (4.05)	0.003 *** (4.28)	0.0029 *** (4.00)
TACC	-0.00007 (-1.35)	-0.00007 (-1.27)	-0.0001 ** (-1.99)	-0.00008 (-1.41)

变量	ROA$_{t+1}$			
	（1）	（2）	（3）	（4）
_cons	0.0417 *** (4.24)	− 0.0553 *** (− 4.88)	0.0442 *** (4.49)	− 0.054 *** (− 4.79)
行业和年份	控制	控制	控制	控制
N	16517	13884	16517	13884

注：括号内为 t 值，*** 代表在1%的水平上显著、** 代表在5%的水平上显著、* 代表在10%的水平上显著。

表 7 - 14 和表 7 - 15 报告了真实活动盈余管理与 ROA$_{t+2}$ 和 ROA$_{t+3}$ 之间的关系，结果与表 7 - 13 的实证结论基本完全一致，表明真实活动盈余管理会导致后续第二年度、第三年度的业绩滑坡。换句话说，真实活动盈余管理会损害上市公司的长期价值。本章的发现与甘尼（2005）的研究结论基本一致。

表 7 - 14   **真实活动盈余管理与 ROA$_{t+2}$**

变量	ROA$_{t+2}$			
	（1）	（2）	（3）	（4）
R_CFO	0.0525 *** (7.97)			
R_PROD		− 0.0479 *** (− 11.53)		
R_DISX			0.0815 *** (11.02)	
R_PROXY				− 0.0370 *** (− 13.92)
MB	0.0007 (1.51)	0.0012 ** (2.51)	0.0008 (1.62)	0.0014 *** (2.90)
LnA	0.001 * (1.82)	0.0051 *** (7.90)	0.0009 (1.55)	0.005 *** (7.85)
ROA	0.354 *** (46.86)	0.283 *** (33.41)	0.373 *** (51.51)	0.280 *** (33.39)

续表

变量	ROA$_{t+2}$			
	（1）	（2）	（3）	（4）
RET	0.0001 (0.15)	−0.0007 （−0.89）	0.0001 (0.20)	−0.0007 （−0.94）
TACC	−0.00005 （−0.89）	−0.00005 （−0.85）	−0.00009 （−1.46）·	−0.00006 （−1.01）
_cons	−0.007 （−0.58）	−0.0946 *** （−6.76）	−0.004 （−0.34）	−0.0928 *** （−6.68）
行业和年份	控制	控制	控制	控制
N	13971	11395	13971	11395

注：括号内为 t 值，*** 代表在 1% 的水平上显著、** 代表在 5% 的水平上显著、* 代表在 10% 的水平上显著。

表 7 – 15　　　　　　　　　**真实活动盈余管理与 ROA$_{t+3}$**

变量	ROA$_{t+3}$			
	（1）	（2）	（3）	（4）
R_CFO	0.0390 *** (5.12)			
R_PROD		−0.0380 *** （−8.00）		
R_DISX			0.110 *** (11.57)	
R_PROXY				−0.0339 *** （−10.84）
MB	−0.0014 * （−1.95）	−0.001 （−1.45）	−0.0012 * （−1.69）	−0.001 （−1.36）
LnA	0.0027 *** (4.17)	0.004 *** (5.57)	0.003 *** (4.57)	0.004 *** (5.75)
ROA	0.332 *** (39.17)	0.295 *** (30.48)	0.348 *** (42.72)	0.291 *** (30.38)
RET	0.0038 *** (4.20)	0.002 ** (2.19)	0.0037 *** (4.03)	0.0018 ** (1.97)

变量	ROA$_{t+3}$			
	（1）	（2）	（3）	（4）
TACC	0.00005 （0.17）	0.00003 （0.11）	−0.00004 （−0.13）	0.00006 （0.20）
_cons	−0.0430 *** （−3.03）	−0.0729 *** （−4.38）	−0.0489 *** （−3.46）	−0.0747 *** （−4.52）
行业和年份	控制	控制	控制	控制
N	11476	9160	11476	9160

注：括号内为 t 值，*** 代表在 1% 的水平上显著、** 代表在 5% 的水平上显著、* 代表在 10% 的水平上显著。

六、稳健性检验

为了提高本章结论的稳健性，我们做了如下的稳健性检验：（1）对微盈公司进行重新定义，将 ROA 小于 0.5% 大于 0 的公司定义为微盈公司，结论依然基本一致。（2）将本章的制造业进一步细分为 9 个小分类，对盈余管理的度量指标重新计算，然后对三个假设重新验证，结论也没有实质性的变化。出于篇幅原因，在此不一一列出。

第五节　本章小结

本章主要对上市公司真实活动盈余管理行为产生的前因后果进行研究探索，结果发现，微盈公司显著存在利用应计项目以及真实活动进行正向盈余管理的现象；且在新会计准则实施后微盈公司利用应计项目正向盈余管理的程度显著减少，利用真实活动正向盈余管理的程度显著增加。进一步研究发现，上市公司真实活动盈余管理的程度与其后期的业绩表现显著负相关。本章的理论分析与经验证据有助于利益相关者更深入地理解中国上市公司的盈余管理行为，同时对监管部门相关政策的制定具有重要的启示意义。

第八章

机构投资者持股与盈余管理

前面章节中，我们实证发现了我国上市公司广泛存在着真实活动盈余管理现象，同时也发现真实活动盈余管理会导致企业的长期价值受损害。因此，本书接下来主要将要研究的是真实活动盈余管理的相关治理问题。

第一节　引　　言

盈余管理历来是会计信息质量的大敌，企业过度的盈余管理行为会误导利益相关者的决策行为、降低资本市场的配置效率，并最终影响资本市场的健康发展。因此，公司治理活动的重要目标之一在于降低企业的盈余管理行为，从而提高企业的会计信息质量。自从我国资本市场成立以来，有关部门为了提高上市公司的会计信息质量，对我国的会计准则以及相应的公司治理制度进行了持续的改进和完善。然而，我国"一股独大"的特殊股权结构背景决定了一些在国外被验证的、行之有效的治理机制在我国无法充分发挥出监督与治理的作用。因此，如何优化我国上市公司的股权结构、提高股东参与公司监督和治理的热情一直是我国资本市场一个亟待解决的问题。

自 20 世纪 80 年代中期以来，机构投资者在公司治理中发挥着越来越重要的作用。国内外许多的研究表明，发展壮大机构投资者有助于抑制管理层的机会主义盈余管理行为、提高企业的会计信息质量。遗憾的是，这些文献大多数仅研究了机构投资者持股与应计项目盈余管理或线下项目操控之间的关系（Rajgopal and Venkatachalam，1997；Chung，Firth and Kim，2002；高雷等，2005；程书强，2006；薄仙慧和吴联生，2009），而忽视了经理人可能存在利用真实经营活动的盈余操控行为。特别是近些年来，越来越多的研究指出，随着会计准则与法律制度的日臻完善，应计项目和线下项目的操控难度与日俱增，这导致经理人越来越倾向于利用更加隐蔽的真实经营活动进行盈余管理（Graham et al.，2005；Cohen et al.，2008；Zang，2006）。真实活动盈余管理与应计项目盈余管理、线下项目操控有着本质的区别：应计项目盈余管理主要指管理层利用会计准则赋予的自由裁量权，通过会计政策选择、会计估计变更等会计手段进行盈余操纵。比如，固定资产折旧年限与残值的估计、固定资产折旧方法的选择、无形资产摊销年限的估计、存货计价方法的选择、资产减值准备、预计负债的估计等。线下项目操控则主要指管理层利用非核心收益进行利润操控，传统研究通常用利润表上的三个项目即营业外收支、补贴收入和投资收益之和表示。而真实活动盈余管理则主要指通过安排真实交易进行利润操控，比较常见的例子如：为了提高当期利润进行期末降价促销，提供更为宽松的信用政策，削减当期的研发支出、广告费用、维修费用等，进行过度生产降低单位销售成本，从而变相达到提高当期利润的目的等。从某种严格意义上来说，线下项目操控也属于真实活动盈余管理，只不过它的主要操控对象是附属的和非持续性的业务活动取得的收入（刘凤委等，2005），而真实活动盈余管理指的则是对正常生产经营活动的操控，从而具有更强的隐蔽性。

目前，我国上市公司利用线下项目进行利润操控的难度越来越大，一则因为线下项目在利润表中有独立的项目反映，其特殊变化很容易被审计师和投资者发现；二则因为国内资本市场政策通常以去除非经常性损益后的净资产收益率为考核基准，这直接导致该操控方式没有多少利用价值。因此，该操控方式不是本章的主要研究对象。应计项目盈余管理的特点是操控便捷，往往只需在年底通过会计手段操纵即可完成，而且它通常只会改变盈余在不同会计期间的分布，而不会改变各期间的盈余总额，同时也不会改变公司的经营现金净流量。与应计项目盈余管理相比，真实活动盈余管理更加隐蔽，它与公司真实的经营活动难以区分，而且会损害公司的长期价值（Gunny，2005；Cohen and Zarowin，2010；李增福等，2011）。因此，在研究机构投资者持股与盈余管理之间的关系时，将真实活动操控纳入分析框架无疑具有极其重要的现实意义。

尽管早期没有文献对机构投资者与真实活动盈余管理之间的关系进行系统的研究，但仍有少量的文献对机构投资者持股与企业研发支出之间的关系进行了实证研究，比如，布斯（1998）、班吉和德邦特（Bange and De Bondt，1998）发现，机构投资者持股比例越高，越不可能发生利用研发支出进行盈余操控的现象。只是这些文献都未能将管理层可能存在的生产操控、销售操控以及广告费、维修费用等酌量性费用操控纳入分析框架中。因此，本章主要以这三种真实活动操控手法及传统的应计项目操控为视角，研究机构投资者与盈余管理之间的关系，分析机构投资者持股是否有助于降低上市公司的盈余管理水平以及是否有助于缓解真实活动盈余管理对公司长期价值带来的损害，以期从一个新的角度论证机构投资者在公司治理中扮演的作用。

第二节 文献综述

现有文献关于机构投资者在公司治理方面的作用有两种不同的观点：一种观点认为，机构投资者频繁的交易以及对短期盈余的过分关注决定了它们不仅无法发挥积极的治理作用，相反，还会加剧被投资公司经理人行为的短视化。格雷夫斯（Graves，1988）认为，由于市场给基金经理人的评价及相关报酬是以每季度（最多以年份）的表现为基准的，这会导致基金经理人在进行投资决策时不会关注公司的长期价值。持这种观点还有波特（Potter，1992）、格雷夫斯和沃多克（Graves and Waddock，1990）和雅各布斯（Jacobs，1991）等，他们认为，机构投资者通常更注重短期利益。另一种观点则认为，机构投资者能够在公司治理中发挥积极的监督作用，其持股比例越高，越有利于降低管理层的盈余管理行为。布斯（1998）实证发现，当机构投资者持股比例越高，管理层越不可能出现通过削减研发支出来扭转盈余下降的情况。班吉和德邦特（1998）研究发现，机构投资者持股比例越高，管理层越不可能利用研发支出进行盈余操控。另外，拉杰戈帕尔和文卡塔查拉姆（Rajgopal and Venkatachalam，1997）以及钟、福斯和吉姆（Chung，Firth and Kim，2002）也都实证发现，机构投资者的持股比例与应计利润负相关，表明机构投资者在监督和限制管理层的自利行为上发挥了积极的作用。

在国内文献方面，高雷等（2005）研究发现，机构投资者的持股比例与盈余管理程度呈负相关关系。然而，该文以线下项目操控作为盈余管理的替代变量，导致文章结论缺乏一般性。程书强（2006）发现，机构持股比例越高，越能有效抑制操纵应计利润的盈余管理行为，增强盈余信息真实性。薄仙慧和吴联生（2009）发现，机构投资者持股有利于降低公司的正向盈余管理，但这种积极的治理作用在国有控股公司中受到限制。遗憾的是，这两篇文章都仅考虑了应计项目盈余管理。

第三节　研究假设

在两权分离的公司制度下，任何一个小股东试图对大股东和经理人的行为进行监督只会得不偿失。因为小股东需要负担所有的监督成本，却只能按持股比例分配监督带来的收益。这导致小股东往往更倾向于"搭便车"。而机构投资者的出现则为克服小股东的"搭便车"行为带来了希望。自2001年我国证监会提出"超常规发展机构投资者"以来，以证券投资基金为代表的机构投资者迅速成长，成为资本市场中一支不可忽视的力量。目前，我国已形成了以证券投资基金为主体，证券公司、保险公司、财务公司、QFII、信托投资公司等为重要组成部分的机构投资者格局。它们在我国上市公司的治理活动中发挥着越来越重要的作用。相比个人投资者，机构投资者有动力、有能力对大股东和经理人的行为进行监督。首先，机构投资者的高持股比例决定了它们无法在不影响股价的情况出售其所有股票，除非它们愿意承受股价大跌带来的损失。这种类似于"套牢"情形的出现必然促使机构投资者转而积极参与公司的治理活动。此外，高持股比例也决定了机构投资者在"用脚投票"时，其转让对象通常也只能是机构投资者。而机构投资者之间单纯的市场交易行为趋向于"零和"博弈，在扣除交易成本和税收后甚至为负数（Light，1989）。因此，随着持股比例的增加，机构投资者有动力积极参与公司治理。其次，作为老练的投资者，机构投资者有能力对大股东和经理人的行为进行监督。机构投资者聚集了自然人的资本，具有较为雄厚的资金实力，它们比个人投资者具有更多的资源。此外，机构投资者是一个专家群体、由证券投资专家进行管理，它们在投资决策运作、信息收集分析、上市公司研究、投资理财方式等方面都配备有专门部门，它们会花更多的时间进行投资分析。因此，相对于个人投资者，机构投资者往往能更快地解读盈余报告中的可操纵部分和不可操纵部分，从而能及时确认公司的盈余管理行为（Balsam et al.，2002）。同时，也更可能对公司利用真实经营活动的盈余操控行为进行监督和制约。基于以上分析，我们提出如下假设：

假设一：机构投资者持股比例越大，公司应计项目盈余管理和真实活动盈余管理水平越低。

尽管真实活动盈余管理更加隐蔽，但它的缺点也是显而易见的：首先，真实活动盈余管理操控更加麻烦，需要公司多个部门的配合，同时也需要耗费更长的时间方能完成；其次，应计项目盈余管理只会改变盈余在不同会计期间的分布，而不会改变各期间的盈余总额，同时也不会改变公司的经营现金净流量，而真实活动盈余管理则会改变公司的经营现金流量，进而损害公司的长期价值。比如，过度的销售折扣会降低消费者对公司未来产品的价格预期，提供过度的商业信用会增加公司潜在的坏账损失和收账费用，过度生产会增加公司的存货管理成本和机会成本，而削减研发广告费用则会牺牲公司未来的持续增长性。简而言之，真实活动盈余管理操控成本更高、对公司长期价值的"破坏力"更大，是管理层为追逐私利不惜损公利已的一个重要体现。已有文献如甘尼（2005）、科恩和查诺文（2010）、李增福等（2011）都研究发现，真实活动盈余管理会导致长期业绩的下滑。与此同时，正如假设一所分析，机构投资者凭借其资金优势、信息优势、专业优势以及其大量持股导致的类似"套牢"情形的出现，决定其有能力也有动力抑制企业的盈余管理行为，进而提高公司的长期价值。因此，我们提出如下假设：

假设二：真实活动盈余管理与公司长期业绩负相关，机构投资者持股与公司长期业绩正相关。

第四节　研究设计

一、应计项目盈余管理的度量

本章与前面一致，采用修正的 Jones 模型来度量应计项目盈余管理，具体如下：

$$\frac{TA_t}{A_{t-1}} = \beta_0 + \beta_1 \times \frac{1}{A_{t-1}} + \beta_2 \times \frac{\Delta S_t - \Delta REC_t}{A_{t-1}} + \beta_3 \times \frac{PPE_t}{A_{t-1}} + \varepsilon_t \qquad (8-1)$$

其中，TA_t 为 t 年的应计利润，$TA_t = NI_t - CFO_t$，NI_t 为 t 年净利润，CFO_t 为 t 年经营现金净流量。ΔS_t 为 t 年的主营业务收入与 t-1 年的主营业务收入之差；ΔREC_t 为 t 年的应收账款净额与 t-1 年的应收账款净额之差；PPE_t 为 t 年的固定资产净额。利用该模型分行业分年度 OLS 回归到的残差 DAC 即为上市公司的可操控性应计利润。

二、真实活动盈余管理的度量

真实活动盈余管理的度量方法与前面一致，具体如下：

经营现金净流量 CFO 为本期销售额 S_t 与销售额变动 ΔS_t 的函数：

$$\frac{CFO_t}{A_{t-1}} = \beta_0 + \beta_1 \times \frac{1}{A_{t-1}} + \beta_2 \times \frac{S_t}{A_{t-1}} + \beta_3 \times \frac{\Delta S_t}{A_{t-1}} + \varepsilon_t \qquad (8-2)$$

产品总成本 PROD 等于产品销售成本与本期库存商品变动 ΔINV 之和，而产品销售成本为本期销售额 S_t 的函数，库存商品变动 ΔINV 为本期销售额变动 ΔS_t 及上期销售额变动 ΔS_{t-1} 的函数，因此：

$$\frac{PROD_t}{A_{t-1}} = \beta_0 + \beta_1 \times \frac{1}{A_{t-1}} + \beta_2 \times \frac{S_t}{A_{t-1}} + \beta_3 \times \frac{\Delta S_t}{A_{t-1}} + \beta_3 \times \frac{\Delta S_{t-1}}{A_{t-1}} + \varepsilon_t$$

$$(8-3)$$

酌量性费用支出 DISP 用销售费用与管理费用之和表示，国内上市公司将研发费用和广告费用汇总于销售费用和管理费用中；

$$\frac{DISP_t}{A_{t-1}} = \beta_0 + \beta_1 \times \frac{1}{A_{t-1}} + \beta_2 \times \frac{S_{t-1}}{A_{t-1}} + \varepsilon_t \qquad (8-4)$$

利用式（8-2）~ 式（8-4）分行业分年度多元回归求出各自的残差即为三种真实活动盈余管理方式的度量指标：异常经营现金净流量（R_CFO）、异常生产总成本（R_PROD）和异常酌量性费用支出（R_DISX）。由于当企业同时采用这三种方式做大利润时，会呈现出更高的异常生产成本、更低的经营现金净流量、更低的酌量性费用水平，因此，出于直观考虑，本章参考甘尼（2006）的做法，令 $REM_1 = -R\_CFO$，$REM_2 = R\_PROD$，$REM_3 = -R\_DISX$。这样 REM 越大，意味对应的真实活动盈余管理程度也越大。同时，鉴于企业有可能同时采取以上三种方式进行盈余管理，因此，我们参考相关学者（Cohen et al.，2008；Zang，2006）的做法将三种方式加总，令 $R\_PROXY = REM_1 + REM_2 + REM_3 = R\_PROD - R\_CFO - R\_DISX$，同时令 $REM_4 = R\_PROXY$ 代表真实活动盈余管理总量。

三、模型设计

在研究机构投资者的治理效应时，需要注意的一个问题是机构投资者持股的内生性问题。已有的研究认为，机构投资者往往偏好于市净率低、流动性和盈利能力强、市场风险小的大盘股（Bennett et al.，2003；Woidtke，2002）。因此，我们选择市净率、流通股比例、市场风险、股利支付率等作为机构投资者持股水平的工具变量，构建模型（8-5）以估计机构投资者的正常持股水平。

$$INST_t = \beta_0 + \beta_1 \times PE_t + \beta_2 \times LTR_t + \beta_3 \times BETA_t + \beta_4 \times ROA_t$$
$$+ \beta_5 \times PAYOUT_t + \beta_6 \times LnA_t + \beta_7 \times DEBT_t + \varepsilon_t \qquad (8-5)$$

为了检验机构投资者是否对公司的盈余管理行为具有治理作用，我们建立多元回归模型（8-6），其中机构投资者持股水平 INST 用模型（8-5）估计得到的预期值代入。在控制变量的选择上，我们参考罗伊乔杜里

（2006）加入资产规模、资产负债率、资产回报率以及盈余管理灵活性等变量。此外，我们还控制了是否由国际四大进行审计。模型中被解释变量分别代表应计项目盈余管理 DAC 和真实活动盈余管理变量 $REC_1 - REM_4$。根据假设一，我们预期 β_1 显著为负，即机构投资者持股比例与盈余管理水平负相关。

$$DEP_t = \beta_0 + \beta_1 \times INST_t + \beta_2 \times LnA_t + \beta_3 \times DEBT_t + \beta_4 \times ROA_t$$
$$+ \beta_5 \times INVREC_t + \beta_6 \times BIG4 + \varepsilon_t \tag{8-6}$$

为检验本章的假设二，我们参考甘尼（2006）的做法建立多元回归模型（8-7），其中，机构投资者的持股水平 INST 同样用模型（8-5）估计得到的预期值代入。其中 ROA_{t+j} 代表后续第 j 年的资产回报率。由于真实活动盈余管理会损害公司的长期价值，因此，我们预期 REM 的系数 β_1 显著为负；而机构投资者能够发挥积极监督、治理的作用，因此，我们预期 INST 的系数显著为正。DAC 代表当期可操控性应计利润，由于应计利润具有"反转性"，当期的 DAC 越大，越可能对后期 ROA 产生负面影响，因此，预期 DAC 的系数 β_6 显著为负。当期 ROA 越大的公司，后期的 ROA 也可能越高，因此，预期 ROA 的系数 β_5 显著为正。具体的变量定义如表 8-1 所示。

$$ROA_{t+j} = \beta_0 + \beta_1 \times REM_i + \beta_2 \times INST_t + \beta_3 \times LnA_t + \beta_4 \times DBET_t$$
$$+ \beta_5 \times ROA_t + \beta_6 \times DAC_t + \varepsilon_t \tag{8-7}$$

表8-1		变量定义
变量	变量名称	定义
被解释变量	R_CFO	异常经营现金净流量
	R_PROD	异常生产总成本
	R_DISP	异常酌量性费用支出
	R_PROXY	真实活动盈余管理总量
	DAC	可操控应计利润
	ROA_{t+j}	后续第 j 年度资产回报率，$j=1,2,3$
控制变量	INST	机构投资者持股比例
	LnA	总资产取对数
	DEBT	代表资产负债率
	ROA	资产回报率

续表

变量	变量名称	定义
控制变量	INVREC	存货与应收账款之和
	BIG4	是否由国际四大审计,是为1,否则为0
机构投资者持股工具变量	PE	市净率
	LTR	流通股比例
	BETA	市场风险,最近100周股票的beta值
	PAYOUT	股利支付率

四、数据与样本选择

为了避免新会计准则实施可能带来的影响,本章以实施新会计准则后2007~2011年沪深两市中国A股上市公司为研究样本,并对样本执行了以下的筛选过程:(1)基于金融行业的特殊性,删除该行业样本公司;(2)删除数据缺失的样本;(3)由于各盈余管理变量均采用分行业分年度回归求得,对样本数小于8的组别,整个删除。最终得到11757个样本观测值。另外,为了控制极端值对回归结果的影响,对解释变量中的连续变量在1%分位数进行了缩尾处理。其中,机构投资者数据(INST)和市场风险(BETA)取自Wind金融数据库,其他样本数据均来自锐思金融研究数据库。

第五节　实证结果分析

一、描述性统计

表8-2列示了各变量的描述性统计结果。从表中可以看出,机构投资者持股比例的均值为0.2394,表明经过我国多年来对机构投资者的积极发展,机构投资者的持股比例有了明显的增加,但相比国外成熟市场,我国机构投资者的持股比例仍然偏低。机构投资者的标准差为0.1284,表明各样本

公司之间机构投资者持股比例差异较大。样本公司各盈余管理变量的均值分别为可操控性利润（DAC）为 -0.0014，异常现金净流量为 -0.0075，异常生产成本为 -0.0204，异常酌量性费用支出水平为 -0.0066，真实活动盈余管理总水平为 -0.0009。

表 8 - 2   描述性统计

变量	观测值	均值	标准差	最小值	最大值
DAC	11757	-0.0014	0.1553	-0.5454	0.5241
R_CFO	11757	-0.0075	0.1494	-0.5433	0.4284
R_PROD	10809	-0.0204	0.2620	-1.0920	0.7151
R_DISX	11757	-0.0066	0.1187	-0.4357	0.4565
R_PROXY	10809	-0.0009	0.3851	-1.9770	1.5298
INST	11756	0.2394	0.1284	0	0.7813
LnA	11757	21.1282	1.6061	7.4098	28.2834
DEBT	11756	0.2741	0.4856	0.0000	1.7990
ROA	11757	0.0544	0.0947	-0.5010	0.3045
INVREC	11756	0.2772	0.1805	-0.2363	0.9764
BIG4	11757	0.0345	0.1826	0.0000	1.0000
BETA	11756	1.0125	0.2296	-5.6559	3.5508
PB	11757	4.8393	4.0148	0.8530	34.4057
PAYOUT	11756	0.1534	0.2349	0.0000	1.0616
LTR	11757	0.9673	0.1184	0.2748	1.0000

表 8 - 3 列示了各盈余管理变量的皮尔森（Pearson）相关系数。从中可以看出，可操控应计利润 DAC 与异常现金净流量 R_CFO 和异常操控性费用 R_DISX 负相关，与异常生产成本 R_PROD 和真实活动盈余管理总量 R_PROXY 正相关，表明样本公司可能同时利用应计项目与真实活动进行盈余管理。此外，异常现金净流量 R_CFO 与异常操控性费用 R_DISX 正相关、与异常生产成本 R_PROD 和真实活动盈余管理总量 R_PROXY 负相关，表明样本公司可能同时利用销售操控、生产操控和费用操控三种方式进行真实活动盈余管理。

表 8 – 3　　　　　　　　　　盈余管理变量 Pearson 相关系数

变量	DAC	R_CFO	R_PROD	R_DISX	R_PROXY
DAC	1				
R_CFO	− 0. 537 ***	1			
R_PROD	0. 114 ***	− 0. 237 ***	1		
R_DISX	− 0. 002	0. 114 ***	− 0. 405 ***	1	
R_PROXY	0. 271 ***	− 0. 565 ***	0. 891 ***	− 0. 607 ***	1

注：*** 代表在 1% 的水平上显著。

二、回归结果分析

表 8 – 4 报告了机构投资者正常持股水平的回归结果，结果显示，机构投资者持股与公司资产负债率、流通股比例、资产规模等显著正相关；与市场风险、资产负债率显著负相关；与股利支付率正相关，但不显著。拟合优度为 0. 1672，回归结果总体上比较符合本章的预期。

表 8 – 4　　　　　　　　　　机构投资者持股水平

变量	被解释变量：INST		
	预期符号	系数	T 值
ROA	+	0. 540 ***	(14. 60)
PB	−	0. 000	(1. 02)
BETA	−	− 0. 0288 **	(− 3. 28)
LTR	+	0. 289 ***	(7. 86)
PAYOUT	+	0. 0057	(1. 64)
LnA	+	0. 0667 ***	(35. 96)
DEBT	−	− 0. 0732 **	(− 3. 27)
_cons		− 1. 389 ***	(− 26. 56)
N		11756	
Adj – R^2		0. 1672	

注：括号内为 t 值，*** 代表在 1% 的水平上显著、** 代表在 5% 的水平上显著。

表 8 – 5 报告了机构投资者持股与盈余管理之间关系的回归结果。其中，回归（1）中的机构投资者持股比例 INST 的系数显著为负，这一发现与钟、福

斯和吉姆（2002）以及薄仙慧等（2009）的实证结果一致，表明机构投资者在公司治理中发挥了积极股东主义的作用，其持股比例越高，越有助于降低管理层的应计项目盈余管理水平。回归（2）~回归（5）中 INST 的系数也都显著为负，表明机构投资者持股通过积极的监督作用可以有效地减少管理层利用过度生产、削减研发支出和销售操控等方式进行的盈余管理行为。此外，INVREC 在 4 个模型中都显著为正，说明存货和应收账款占比越高的公司越可能进行盈余管理，这与罗伊乔杜里（2006）的发现一致。LnA 在 5 个模型中都显著为正，说明资产规模越大的公司，越有可能进行盈余管理。ROA 在模型（1）中显著为正，但在后 4 个模型中显著为负，说明盈余能力越强的公司越倾向利用应计项目进行盈余管理，同时越不可能利用真实活动进行利润操控。

表 8 – 5 　　　　　　　　机构投资者持股与盈余管理

变量	(1)	(2)	(3)	(4)	(5)
	DAC	REM1	REM2	REM3	REM4
INST	− 0. 264 *** (− 5. 61)	− 0. 186 *** (− 4. 32)	− 0. 256 ** (− 3. 22)	− 0. 330 *** (− 8. 93)	− 0. 798 *** (− 7. 05)
LnA	0. 0250 *** (6. 68)	0. 0239 *** (6. 98)	0. 0363 *** (5. 77)	0. 0230 *** (7. 83)	0. 0858 *** (9. 54)
DEBT	0. 000762 (0. 29)	0. 00581 * (2. 40)	0. 00837 (0. 69)	0. 00196 (0. 94)	0. 0306 (1. 75)
ROA	0. 407 *** (26. 85)	− 0. 492 *** (− 35. 39)	− 0. 890 *** (− 33. 16)	− 0. 221 *** (− 18. 53)	− 1. 540 *** (− 40. 17)
INVREC	0. 0968 *** (12. 64)	0. 229 *** (32. 59)	0. 0847 *** (6. 34)	0. 0137 * (2. 27)	0. 309 *** (16. 16)
BIG4	− 0. 00909 (− 1. 16)	− 0. 0173 * (− 2. 40)	0. 00604 (0. 46)	0. 00251 (0. 41)	− 0. 0136 (− 0. 72)
_cons	− 0. 514 *** (− 7. 57)	− 0. 491 *** (− 7. 87)	− 0. 711 *** (− 6. 21)	− 0. 393 *** (− 7. 35)	− 1. 643 *** (− 10. 03)
行业效应	控制	控制	控制	控制	控制
年份效应	控制	控制	控制	控制	控制
N	11756	11756	10808	11756	10808
Adj – R²	0. 0861	0. 1686	0. 1086	0. 0308	0. 1570

注：括号内为 t 值，*** 代表在 1% 的水平上显著、** 代表在 5% 的水平上显著、* 代表在 10% 的水平上显著。

表 8-6 报告了机构投资者持股和真实活动盈余管理对公司后续第一年度业绩表现影响的回归结果。其中，回归（1）~回归（4）中各 REM 的系数都显著为负，这与我们的预期完全相符，表明真实活动盈余管理会导致后续首个年度经营业绩的滑坡。回归（1）~回归（4）中 INST 的系数都显著为正，也与我们的预期完全一致，表明机构投资者持股有利于提升公司长期价值。表 8-7 则报告了机构投资者持股和真实活动盈余管理对公司后续第二年度业绩表现影响的回归结果，其中，REM 的系数仍然都显著为负，INST 的系数仍然都显著为正。表 8-8 则报告了机构投资者持股和真实活动盈余管理对公司后续第三年度业绩表现影响的回归结果，其中，REM 的系数除了回归（1）外都显著为负，INST 的系数仍然都显著为正。这说明机构投资者持股与上市公司的长期经营业绩表现正相关，而真实活动盈余管理则与上市公司的长期经营业绩表现负相关。此外，表 8-6 还显示应计项目盈余管理变量 DAC 在 4 个回归模型中系数都显著为负，但在表 8-7 和表 8-8 中 DAC 的系数则都不显著，表明应计项目盈余管理只对公司短期业绩表现产生了负面影响、对长期业绩表现没有显著影响。本章的结论与李增福等（2011）的发现"真实活动盈余管理导致长期业绩滑坡，应计项目盈余管理导致短期业绩滑坡"一致。

表 8-6　　机构投资者、真实活动盈余管理与后续第一年度业绩表现

变量	ROA_{t+1}			
	（1）	（2）	（3）	（4）
REM1	-0.0408 *** （-5.05）			
REM2		-0.0363 *** （-9.39）		
REM3			-0.0452 *** （-6.64）	
REM4				-0.0275 *** （-10.29）
INST	0.175 *** （6.52）	0.190 *** （6.99）	0.161 *** （5.99）	0.185 *** （6.80）

变量	ROA$_{t+1}$			
	（1）	（2）	（3）	（4）
LnA	− 0. 0164 *** （− 7. 70）	− 0. 0130 *** （− 5. 99）	− 0. 0154 *** （− 7. 24）	− 0. 0127 *** （− 5. 88）
DEBT	0. 00423 （1. 27）	0. 0124 *** （3. 19）	0. 00516 （1. 56）	0. 0122 *** （3. 16）
ROA	0. 523 *** （48. 81）	0. 455 *** （43. 76）	0. 543 *** （60. 70）	0. 439 *** （40. 15）
DAC	− 0. 0234 *** （− 3. 15）	− 0. 0238 *** （− 3. 90）	− 0. 0475 *** （− 8. 98）	− 0. 00969 （− 1. 47）
_cons	0. 322 *** （8. 35）	0. 242 *** （6. 14）	0. 304 *** （7. 88）	0. 239 *** （6. 08）
行业效应	控制	控制	控制	控制
年份效应	控制	控制	控制	控制
N	9155	8236	9155	8236
Adj − R^2	0. 3274	0. 2654	0. 3288	0. 2670

注：括号内为 t 值，*** 代表在 1% 的水平上显著。

表 8 − 7　机构投资者、真实活动盈余管理与后续第二年度业绩表现

变量	ROA$_{t+2}$			
	（1）	（2）	（3）	（4）
REM1	− 0. 0217 ** （− 2. 01）			
REM2		− 0. 0317 *** （− 7. 22）		
REM3			− 0. 0428 *** （− 5. 49）	
REM4				− 0. 0267 *** （− 8. 35）
INST	0. 175 *** （5. 47）	0. 164 *** （5. 02）	0. 163 *** （5. 07）	0. 158 *** （4. 85）
LnA	− 0. 0144 *** （− 5. 64）	− 0. 00917 *** （− 3. 50）	− 0. 0136 *** （− 5. 31）	− 0. 00887 *** （− 3. 39）

续表

变量	ROA_{t+2}			
	（1）	（2）	（3）	（4）
DEBT	0.0207 ***	0.0130 ***	0.0211 ***	0.0127 ***
	(5.97)	(3.17)	(6.13)	(3.12)
ROA	0.354 ***	0.293 ***	0.360 ***	0.276 ***
	(27.94)	(24.19)	(35.50)	(21.65)
DAC	−0.0141	−0.00898	−0.0259	0.00645
	(−1.49)	(−1.20)	(−1.15)	(0.79)
_cons	0.282 ***	0.173 ***	0.267 ***	0.170 ***
	(6.06)	(3.63)	(5.75)	(3.57)
行业效应	控制	控制	控制	控制
年份效应	控制	控制	控制	控制
N	6592	5732	6592	5732
$Adj - R^2$	0.1827	0.1489	0.1859	0.1515

注：括号内为 t 值，*** 代表在 1% 的水平上显著、** 代表在 5% 的水平上显著。

表 8 - 8　　机构投资者、真实活动盈余管理与后续第三年度业绩表现

变量	ROA_{t+3}			
	（1）	（2）	（3）	（4）
REM1	−0.0172			
	(−1.41)			
REM2		−0.0183 ***		
		(−3.58)		
REM3			−0.0570 ***	
			(−5.25)	
REM4				−0.0215 ***
				(−5.34)
INST	0.275 ***	0.259 ***	0.264 ***	0.254 ***
	(7.53)	(6.69)	(7.25)	(6.58)
LnA	−0.0195 ***	−0.0168 ***	−0.0186 ***	−0.0163 ***
	(−6.63)	(−5.36)	(−6.34)	(−5.22)
DEBT	0.0251 ***	0.0203 ***	0.0254 ***	0.0199 ***
	(7.68)	(5.02)	(7.83)	(4.92)

变量	ROA$_{t+3}$			
	（1）	（2）	（3）	（4）
ROA	0.301 *** (21.71)	0.299 *** (20.30)	0.300 *** (26.23)	0.277 *** (17.69)
DAC	−0.00683 (−0.65)	−0.0124 (−1.34)	−0.0152 (−1.17)	0.00472 (0.46)
_cons	0.364 *** (6.80)	0.311 *** (5.44)	0.348 *** (6.51)	0.304 *** (5.33)
行业效应	控制	控制	控制	控制
年份效应	控制	控制	控制	控制
N	4105	3504	4105	3504
Adj − R^2	0.1628	0.1584	0.1680	0.1622

注：括号内为 t 值，*** 代表在 1% 的水平上显著。

第六节　进一步检验

为了提升本章结论的稳健性，我们还做了如下的稳健性检验。

（1）对假设一和假设二中的机构投资者持股比例，本章还采用其第三季度末的数据直接进行了 OLS 回归，回归结果没有任何实质性的变化。

（2）鉴于不同类型的机构投资者其持股比例、期限和动机可能不同，进而在公司治理中扮演的角色可能会不一样，因此，本章进一步对各类机构投资者与盈余管理之间的关系进行了实证检验，结果显示，只有证券投资基金与盈余管理水平显著负相关。而券商、财务公司、社保基金、QFII 等其他类机构投资者与盈余管理之间的关系并不显著。这可能是因为证券投资基金占据了机构投资者比例的大部分比例，能够在公司治理活动中发挥有效的监督作用；而其他机构投资者在我国证券市场占据的份额较低，无法对上市公司的经营活动产生有效的影响作用。限于篇幅有限，在此不一一给出结果。

第七节　本章小结

　　现有文献对机构投资者与上市公司盈余管理行为之间关系的研究主要从应计项目盈余管理的角度进行研究，而本章则在此基础上同时将真实活动操控纳入分析框架中，研究机构投资者与盈余管理之间的关系。结果显示：机构投资者持股比例与上市公司的应计项目盈余管理及真实活动盈余管理水平显著负相关；真实活动盈余管理与公司长期经营业绩显著负相关，应计项目盈余管理与公司短期经营业绩负相关，而机构投资者持股与公司长期经营业绩显著正相关。本章的结论表明，从整体来看，我国的机构投资者在公司治理中扮演了积极投资者的角色，大力发展机构投资者有利于促进资本市场的健康发展。

| 第九章 |

外部审计与盈余管理

第一节　引　　言

　　已有研究表明，外部审计作为一种有效的公司治理机制能够减少契约各方的信息不对称（Watts and Zimerman，1986），进而缓解公司内部的代理冲突问题（Jensen and Meckling，1976）。因此，本章感兴趣的问题是除了传统的应计项目盈余管理外，审计师在乎上市公司利用真实活动的盈余管理行为吗？它能够对上市公司的真实活动盈余管理行为起到一定程度的限制作用吗？为了避免新会计准则实施可能对盈余管理带来的影响，本章我们选取实施新会计准则后 2007～2009 这 3 年的数据为样本对以上问题进行研究。结果显示：相比本土会计师事务所，由国际"四大"审计的公司其操控性应计利润显著更小；在具体区分操控性应计利润的方向后，由国际"四大"审计的公司其正向操控性应计利润显著更小，负向操控性应计利润则与本土会计师事务所无显著差异。此外，相比本土会计师事务所，由国际"四大"审计的上市公司其真实活动盈余管理程度更低，表明国际"四大"对上市公司的应计项目盈余管理行为和真实活动盈余管理行为更能够起到有效的治理作用。

　　此外，本章我们还对两种盈余管理方式与审计意见之间的关系进行实证检验。结果发现：上市公司被出具"非标意见"的概率与其应计盈余管理的程度显著正相关、与其真实盈余管理的程度没有显著的相关关系。表明相比真实盈余管理行为，审计师更关注企业的应计盈余管理行为。其主要原因可能是因为真实盈余管理行为具有更强的隐蔽性，使之更容易逃过审计师的法眼。

第二节　文献回顾

如前所述，早期文献大多研究外部审计是否能够有效抑制企业的应计项目盈余管理行为。比如，贝克尔等（Becker et al.，1998）对比了由"八大"和"非八大"会计师事务所审计的公司的可操控应计利润，结果发现，由"非八大"审计的公司其可操控性应计利润显著高于由"八大"审计的公司。由此可见，"八大"能容忍的盈余管理程度要更低。克里希南（Krishnan，2003）也发现，由国际"四大"进行审计的公司其应计利润更低，表明国际"四大"具有更高的审计质量。漆江娜等（2004）研究发现，经国际"四大"审计的公司每单位资产操控性应计利润额略低于本土会计师事务所审计的公司。蔡春等（2005）研究发现，"非前十大"会计师事务所审计的公司的可操纵应计利润显著高于"前十大"会计师事务所审计的公司的可操纵应计利润。吴水澎和李奇凤（2006）以2003年上市公司为样本，并考虑了自选择问题，研究发现，国际"四大"的审计质量高于国内十大，国内"十大"的审计质量高于国内"非十大"。王艳艳和陈汉文（2006）研究发现，只有国际"四大"在操纵性应计的抑制上表现出高审计质量，而国内所则没有表现出显著差异。王良成和韩洪灵（2009）研究发现，大所对配股公司盈余管理的抑制要显著高于其对非配股公司盈余管理的抑制；大所比其他事务所更能对配股公司的盈余管理进行显著抑制，但是大所在对非配股公司盈余管理的抑制上和其他事务所没有显著差异。王兵等（2011）发现，普华永道中天审计质量没有显著高于其他"三大"会计师事务所，甚至在部分检验中，普华永道中天审计质量更低。郭照蕊（2011）同样以可操控性应计利润作为审计质量的替代变量，然而却发现国际"四大"与非国际"四大"在审计质量上并不存在显著的差异，某些年度国际"四大"甚至比非国际"四大"更差。

第三节　研究假设

相比小规模会计师事务所，国际"四大"在美国以及西方其他国家的审计市场都保持着高质量和良好声誉，并据此几乎垄断了全球最大型公司的审计业务（漆江娜等，2004）。相比本土会计师事务所，国际"四大"在员工培训和发展产业专业化上投入了更多的资源（Craswell et al.，1995）。它们拥有更加先进的审计技术、更加成熟的审计程序、更加专业的会计师判断能力和职业态度等，这些都决定了国际"四大"更有可能发现上市公司中存在的应计项目盈余管理与真实活动盈余管理问题。退一步讲，即使小规模会计师事务所也能很好地鉴别上市公司的盈余管理行为，并评估相应的风险，但是小规模会计师事务所由于客户资源有限，这在较大程度上会影响他们的独立性。这是因为，当审计师对管理当局当期盈余管理行为表示反对，甚至出具非标审计意见时，审计师与管理当局意见分歧的直接后果可能是管理当局解聘现任审计师以寻求与其意见更加一致的审计师（刘伟和刘星，2007）。周和里克（Chow and Ric，1982）也持同样的观点，他们发现，收到"不清洁"审计意见的公司在随后一个会计年度更可能更换会计师事务所。特别在我国"一股独大"的股权结构背景下，小规模会计师事务所如果出具非标准无保留审计意见，控股股东完全有能力和意愿将其"炒掉"。因此，相比国际"四大"，小规模会计师事务所对上市公司盈余管理行为的治理作用有限。另外，相比小规模会计师事务所，大规模会计师事务所的审计失职往往会带来更大的诉讼风险或者说诉讼成本（DeAngelo，1981；Simunic and Stein，1996；Khurana and Raman，2004；Geiger and Rama，2006）。因此，国际"四大"会在审计项目中投入更多的人力、财力资源，这些都有助于国际"四大"更好地发现相关的盈余操控问题并与管理层沟通解决问题。正是这些内外在因素的影响，最终决定了相比规模小的会计师事务所，国际"四大"更有可能对上市公司的盈余管理问题起到有效的制约作用。樊和王（Fan and Wong，2005）甚至认为，在新兴市场国家，只有"五大"会计公司的审计（目前是"四大"）才能够对公司起到治理作用。基于以上分析，我们提出假设一：

假设一：由国际"四大"进行审计的上市公司应计项目盈余管理程度更低。

那么，本章的另一个问题是，国际"四大"能够有效抑制企业的真实活动盈余管理行为吗？真实活动盈余管理的特点是更加隐蔽，往往与企业正常的经营活动难以区分，且属于会计准则外的操控方式。因而，真实活动盈余管理往往更加不受审计师、监管层以及外部投资者的监控（Cohen et al.，2008）。企业因真实活动盈余管理造成的盈余虚报，除了和应计项目盈余管理一样会误导以公司经营业绩为基础的利益相关者的决策行为外，还会导致企业偏离正常的经营轨道、未来产生经营现金流量能力降低，最终伤害公司的长期价值（Gunny，2005；Zang，2006；Cohen et al.，2010；李增福等，2011）。可以说，与利用应计项目这种相对"温和"的盈余管理方式相比，真实活动盈余管理给企业带来的伤害往往是"有过之而无不及"的。这最终会增加审计师声誉损失的风险以及相关的诉讼风险。因此，审计师在日常审计业务中除了需要处理最常见的应计项目盈余管理外，还有必要关注真实活动盈余管理可能带来的风险。已有文献比如，吉姆和帕克（Kim and Park，2009）研究发现，企业利用真实活动盈余管理的程度与审计师主动辞职的概率正相关。表明审计师会充分考虑真实活动盈余管理可能带来的潜在诉讼风险，进而对真实活动盈余管理程度更大的公司采取主动辞职（而非被解雇）的做法。佐恩（2011）研究发现，审计师会充分考虑真实活动盈余管理可能带来的潜在诉讼风险，从而对真实活动盈余管理程度更大的公司收取更高的审计费用；而且真实活动盈余管理与审计费用之间的关系比应计项目盈余管理与审计费用之间的关系更加强烈。基于以上分析，我们提出如下假设：

假设二：由国际"四大"进行审计的上市公司真实活动盈余管理程度更低。

第四节　研究设计

一、模型设计

（一）应计盈余管理的度量

应计盈余管理的度量模型包括 Healy 模型、DeAngelo 模型、Jones 模型、修正的 Jones 模型、扩展的 Jones 模型、行业模式等至少 6 种以上的度量方法。夏立军等（2005）认为，在基本 Jones 模型中加入诸如长期投资或无形资产和其他长期资产并不能提高模型揭示盈余管理的能力，相反却可能降低模型的使用效果，而修正的 Jones 模型是度量盈余管理的最有力模型。因此，与前述章节一致，本章同样采用修正的 Jones 模型来度量应计盈余管理，具体如下：

$$\frac{TA_t}{A_{t-1}} = \beta_0 + \beta_1 \times \frac{1}{A_{t-1}} + \beta_2 \times \frac{\Delta S_t - \Delta REC_t}{A_{t-1}} + \beta_3 \times \frac{PPE_t}{A_{t-1}} + \varepsilon_t \qquad (9-1)$$

其中，TA_t 为 t 年的应计利润，$TA_t = NI_t - CFO_t$，NI_t 为 t 年净利润，CFO_t 为 t 年经营现金净流量。ΔS_t 为 t 年的主营业务收入与 t-1 年的主营业务收入之差；ΔREC_t 为 t 年的应收账款净额与 t-1 年的应收账款净额之差；PPE_t 为 t 年的固定资产净额。利用该模型最小二乘法回归得到的残差即为上市公司的可操控性应计利润。

（二）真实盈余管理的度量

真实活动盈余管理的度量方法与前述章节相同，具体如下：
经营现金净流量 CFO 为本期销售额 S_t 与销售额变动 ΔS_t 的函数：

$$\frac{CFO_t}{A_{t-1}} = \beta_0 + \beta_1 \times \frac{1}{A_{t-1}} + \beta_2 \times \frac{S_t}{A_{t-1}} + \beta_3 \times \frac{\Delta S_t}{A_{t-1}} + \varepsilon_t \qquad (9-2)$$

产品总成本 PROD 等于产品销售成本与本期库存商品变动 ΔINV 之和，而产品销售成本为本期销售额 S_t 的函数，库存商品变动 ΔINV 为本期销售额变动 ΔS_t 及上期销售额变动 ΔS_{t-1} 的函数，因此：

$$\frac{PROD_t}{A_{t-1}} = \beta_0 + \beta_1 \times \frac{1}{A_{t-1}} + \beta_2 \times \frac{S_t}{A_{t-1}} + \beta_3 \times \frac{\Delta S_t}{A_{t-1}} + \beta_3 \times \frac{\Delta S_{t-1}}{A_{t-1}} + \varepsilon_t$$

$$(9-3)$$

酌量性费用支出 DISP 用销售费用与管理费用之和表示，国内上市公司将研发费用和广告费用汇总于销售费用和管理费用中；

$$\frac{DISP_t}{A_{t-1}} = \beta_0 + \beta_1 \times \frac{1}{A_{t-1}} + \beta_2 \times \frac{S_{t-1}}{A_{t-1}} + \varepsilon_t \qquad (9-4)$$

利用式（9-2）~式（9-4）分行业分年度多元回归求出各自的残差即为三种真实活动盈余管理方式的度量指标：异常经营现金净流量（R_CFO）、异常生产总成本（R_PROD）和异常酌量性费用支出（R_DISX）。由于当企业同时采用这三种方式做大利润时，会呈现出更高的异常生产成本、更低的经营现金净流量、更低的酌量性费用水平，因此，令 R_PROXY = R_PROD - R_CFO - R_DISX，代表真实活动盈余管理总量。

（三）实证模型与变量定义

在研究模型上，本章采用赫克曼（Heckman，1978）的二阶段回归模型来克服自选择偏差问题。先估计上市公司选择国际"四大"的 Probit 模型，并在此基础上估计出自选择系数（λ）。在变量选择上，本章参考钱尼、杰特和希瓦库马尔（Chaney，Jeter and Shivakumar，2004）的做法加入资产规模（LnA）、盈余管理程度（ABS_DA）、资产负债率（DEBT）、盈利能力（ROA）等解释变量。另外，本章还加入 REGION 代表地域的哑变量，令公司注册地点在北京、上海、广州和深圳四地的公司为 1，否则为 0。这是因为国际"四大"在这 4 个城市都设立了分支机构，这 4 个城市的公司选择国际"四大"的概率更大，同时上市公司的盈余管理程度与地域相关性又比较低。

$$Probit(BIG4_t) = \beta_0 + \beta_1 \times REGION_t + \beta_2 \times LnA_t + \beta_3 + DEBT_t + \beta_4 \times MB$$
$$+ \beta_5 \times ROA_t + \beta_6 \times ABS\_DA_t + \sum \gamma_i \times Industry$$
$$+ \sum \delta_i \times Year + \varepsilon_t \qquad (9-5)$$

为了检验本章的假设，我们借鉴贝克尔等（Becker et al.，1998）、郭照蕊（2011）等已有文献的做法，并结合我国的制度背景，建立如下回归模型，以检验本章提出的假设一和假设二。

$$DEP_t = \beta_0 + \beta_1 \times BIG4_t + \beta_2 \times LnA_t + \beta_3 \times DEBT_t + \beta_4 \times MB_t$$
$$+ \beta_5 \times ROA_t + \beta_6 \times FIRST_t + \beta_7 \times EXSHARE_t + \beta_8 \times TACC$$
$$+ \beta_9 \times \lambda + \sum \gamma_i \times Industry + \sum \delta_i \times Year + \varepsilon_t \qquad (9-6)$$

其中，模型（9-6）用于检验假设一和假设二，DEP_t 分别代表 ABS_DA、E_CFO、E_PROD、E_DISP、PROXY。其他变量的具体定义如表9-1所示。

表 9-1   变量定义

变量	变量名称	解释
被解释变量	E_CFO	异常经营现金净流量
	E_PROD	异常生产总成本
	E_DISP	异常酌量费用支出
	PROXY	真实活动盈余管理总量
	ABS_DA	可操控应计利润绝对值，代表盈余管理程度
	OPINION	样本被出具"非标意见"则 OPINON = 1，否则为 0
	DA +	大于零的可操控应计利润，代表正向盈余管理
	DA -	小于零的可操控应计利润，代表负向盈余管理
解释变量	BIG4	由国际"四大"审计的样本公司 BIG4 = 0，否则为 0
控制变量	LnA	资产规模
	DEBT	代表资产负债率 = （长期借贷 + 短期借款）/总资产
	MB	代表企业的成长性
	ROA	资产回报率
	TACC	经年初总资产标准化调整的应计利润
	REGION	哑变量，公司注册地址在北京、上海、广州和深圳的取1，否则取0
	FIRST	第一大股东持股比例
	EXSHARE	管理层持股比例

二、研究数据

本书研究所使用的数据来自色诺芬经济研究数据库（CCER）。为了避免新会计准则实施可能对盈余管理带来的影响，我们选取实施新准则后2007 ~

2009 年这 3 年的数据为样本。其中由于金融行业的特殊性，本书将其从样本中剔除，另外，还剔除了数据缺失、股东权益为负以及含有异常值的样本。最终得到 3198 个有效观测值。在所有 3198 个有效样本中，由国际"四大"进行审计的样本共有 224 家，由非国际"四大"审计的样本共 2974 家。

第五节　回归结果分析

一、描述性统计

表 9 - 2 为主要变量的描述性统计。从表 9 - 2 的描述性统计结果中可以看出，所选样本公司的操控性应计利润绝对值 ABS_DA 的均值为 0.0693、异常经营现金净流量 E_CFO 的均值为 0.0029、异常生产总成本 E_PROD 的均值为 0.0003、异常酌量性费用支出 E_DISP 的均值为 0.0005。由国际"四大"进行审计的样本公司共有 224 家，占总体样本的 7.0%。样本公司资产负债率的均值为 0.2218，这是因为本章用长期借款与短期借款之和占总资产的比例度量资产负债率。

表 9 - 2　　　　　　　　　　　　样本描述性统计

变量	观测值	均值	标准差	最小值	最大值
E_CFO	3198	0.0029	0.1080	- 1.017	1.2826
E_PROD	2982	0.00003	0.2200	- 2.6441	2.771
E_DISP	3198	0.0005	0.0812	- 0.4069	0.7496
Proxy	2982	- 0.0036	0.3268	- 3.4921	3.100
ABS_DA	3198	0.0693	0.0765	0	1.008
BIG4	3198	0.0700	0.2552	0	1
LnA	3198	21.751	1.178	18.272	28.00
DEBT	3198	0.2218	0.1458	0	0.8005
MB	3198	1.939	1.118	0.2306	16.76
ROA	3198	0.0363	0.0665	- 0.4836	0.4609
FIRST	3198	0.36242	0.1585	0.0354	2.895
EXSHARE	3198	0.030	0.1084	0	0.7838

二、多元回归结果分析

表 9 - 3 报告了 Heckman 第一阶段审计师自选择模型的 Probit 估计结果。从表 9 - 3 的结果来看，资产规模（LnA）的系数在 1% 的水平上显著为正，表明资产规模越大的公司越倾向于选择国际"四大"进行审计；资产回报率（ROA）的系数在 1% 的水平上显著为正，表明资产回报率越高的公司越倾向于选择国际"四大"进行审计；资产负债率（DEBT）的系数在 1% 的水平上显著为负，表明资产负债率越大的企业选择国际"四大"进行审计的可能性越小；可操控性应计利润（ABS_DA）显著为负，表明盈余管理程度越大的企业越不可能选择国际"四大"进行审计；地域哑变量（REGION）在 1% 的水平上显著为正，表明来自北京、上海、广州和深圳的上市公司更有可能选择国际"四大"进行审计；公司成长性（MB）的系数则不显著。总体而言，该模型比较符合我们的预期。

表 9 - 3   审计师选择模型估计结果

变量	预期符号	BIG4	T 值
LnA	+	0.628 ***	16.44
ROA	+	2.277 ***	2.64
DEBT	−	− 0.882 ***	− 2.86
MB	?	− 0.096	− 1.63
ABS_DA	−	− 1.488 **	− 2.37
REGION	+	0.611 ***	6.99
_cons		− 15.38 ***	− 17.4
年份与行业		控制	
N		3198	
Pseudo R^2		0.3426	
LR chi^2		556.01	

注：括号内为 t 值，*** 代表在 1% 的水平上显著。

表9-4报告了Heckman第二阶段国际"四大"与操控性应计利润关系的回归结果。从中可以看出，回归（1）中Lambda（λ）显著，表明控制自选择问题是必要的，如果忽略该问题会导致回归结果出现偏差；BIG4的系数显著为负，表明由国际"四大"进行审计的上市公司其操控性应计利润越小，即审计质量更高。回归（2）和回归（3）中，我们将操控性应计利润区分为正负两组，进行检验。回归（2）检验国际"四大"对正向操控性应计利润的影响，其中，Lambda（λ）显著，表明控制自选择问题是必要的；BIG4的系数显著为负，表明由国际"四大"进行审计的上市公司其正向操控性应计利润更小，即正向盈余管理程度更低。回归（3）检验国际"四大"对负向盈余管理的影响，其中Lambda（λ）不显著，因此，可以不控制自选择问题；BIG4的系数不显著，表明由国际"四大"进行审计的上市公司其负向盈余管理程度与由本土会计师事务所审计的上市公司无显著区别。回归（4）是不控制自选择问题对负向盈余管理一组进行再检验，结果没有任何改变。由此可见，国际"四大"所能容忍的盈余管理程度比本土会计师事务所显著更低，且这种差别只体现在正向盈余管理上。这是因为收益增加的盈余管理更可能损害审计师声誉（Francis and Wang，2008）。

表9-4 国际"四大"与操控性应计利润多元回归结果

变量	(1) ABS_DA	(2) DA +	(3) DA -	(4) DA -
BIG4	-0.0350 *** (-4.81)	-0.0666 *** (-6.74)	-0.00276 (-0.31)	-0.00258 (-0.79)
LnA	0.000925 (0.99)	0.00640 *** (5.20)	0.00453 *** (3.92)	0.00451 *** (5.57)
DEBT	-0.00786 (-1.66)	-0.00868 (-1.34)	0.00905 (1.55)	0.00908 (1.61)
MB	0.000591 (0.95)	0.000514 (0.62)	-0.000719 (-0.90)	-0.000721 (-0.91)
ROA	0.0667 *** (6.31)	0.0440 * (2.35)	-0.00436 (-0.36)	-0.00431 (-0.36)

变量	（1） ABS_DA	（2） DA +	（3） DA -	（4） DA -
FIRST	- 0.000507 （- 0.12）	- 0.00286 （- 0.55）	0.00577 （1.07）	0.00576 （1.08）
EXSHARE	0.00829 （1.40）	0.00591 （0.85）	0.00649 （0.76）	0.00648 （0.76）
TACC	0.833 *** （108.19）	0.881 *** （91.83）	- 0.835 *** （- 72.94）	- 0.835 *** （- 73.63）
Lambda（λ）	0.0162 *** （4.09）	0.0323 *** （5.89）	0.000104 （0.02）	
_cons	- 0.0146 （- 0.74）	- 0.118 *** （- 4.49）	- 0.0916 *** （- 3.73）	- 0.0912 *** （- 5.21）
年份与行业	控制	控制	控制	控制
N	3198	1540	1654	1654
Adj - R²	0.7910	0.8614	0.7825	0.7826

注：括号内为 t 值，*** 代表在 1% 的水平上显著，* 代表在 10% 的水平上显著。

表 9 - 5 报告了真实活动盈余管理与国际"四大"之间关系的多元回归结果。其中，回归（1）中的 BIG4 的系数显著为正，表明由国际"四大"审计的上市公司其异常经营现金净流量更高；回归（2）中的 BIG4 的系数显著为负，表明由国际"四大"审计的上市公司其异常生产总成本更低；回归（4）中的 BIG4 的系数显著为负，表明由国际"四大"审计的上市公司其真实活动盈余管理总量更低，但回归（3）中的 BIG4 的系数不显著。尽管如此，但其他三个回归的结果一致支持了本章提出的假设二：由国际"四大"审计的上市公司更不可能利用真实活动进行盈余管理。表明尽管真实活动盈余管理更加隐蔽，但国际"四大"拥有更加先进的审计技术、更加成熟的审计程序以及普通会计师事务所难以具备的丰富审计经验和审计独立性。这些都决定了国际"四大"更有可能对企业的真实活动盈余管理行为起到有效的治理作用。

表 9 - 5　　　　　　　真实活动盈余管理与国际"四大"多元回归结果

变量	(1)	(2)	(3)	(4)
	E_CFO	E_PROD	E_DISX	PROXY
BIG4	0.0653 **	-0.309 ***	-0.00597	-0.377 ***
	(3.08)	(-7.18)	(-0.37)	(-5.89)
LnA	-0.00719 **	0.0714 ***	0.00353	0.0755 ***
	(-2.65)	(13.21)	(1.70)	(9.40)
DEBT	-0.0781 ***	0.0164	-0.0868 ***	0.169 ***
	(-5.65)	(0.61)	(-8.20)	(4.22)
MB	0.00667 ***	-0.0274 ***	0.00745 ***	-0.0419 ***
	(3.66)	(-7.77)	(5.35)	(-8.01)
ROA	0.408 ***	-1.121 ***	0.144 ***	-1.666 ***
	(13.24)	(-18.62)	(6.11)	(-18.63)
FIRST	-0.0147	0.0178	-0.0341 ***	0.0674
	(-1.21)	(0.71)	(-3.68)	(1.82)
EXSHARE	-0.0422 *	-0.00182	0.0139	0.00210
	(-2.43)	(-0.04)	(1.05)	(0.03)
TACC	0.0238	-0.128 **	0.0857 ***	-0.281 ***
	(1.06)	(-2.92)	(4.99)	(-4.31)
Lambda（λ）	-0.0301 **	0.155 ***	0.00923	0.176 ***
	(-2.60)	(6.61)	(1.04)	(5.07)
_cons	0.149 **	-1.442 ***	-0.0710	-1.523 ***
	(2.58)	(-12.51)	(-1.61)	(-8.89)
年份与行业	控制	控制	控制	控制
N	3198	2982	3198	2982
Adj R^2	0.0845	0.1781	0.0495	0.1642
F 值	61.95	135.93	35.43	123.34

注：括号内为 t 值，*** 代表在 1% 的水平上显著、** 代表在 5% 的水平上显著、* 代表在 10% 的水平上显著。

第六节　进一步分析

如前所述，管理层的盈余管理行为扭曲了会计信息的真实性，严重干扰了投资者对上市公司的价值判断。资本市场引入独立的第三方审计制度，最主要的目的就是为了抑制企业的利润操控现象，以保护投资者的根本利益，并提高资本市场资源配置的效率。然而，相比只是对会计准则进行简单操控的应计盈余管理，真实盈余管理具有更强的隐蔽性，它往往与企业正常的经营活动难以区分。因此，真实盈余管理往往更加不受审计师、监管层以及外部投资者的监控（Cohen et al.，2008）。为此，本部分我们对两种盈余管理方式与审计意见之间的关系进行实证检验，结果如表9-6所示。其中，在回归（1）～回归（4）中，真实盈余管理的四个指标 E_CFO、E_PROD、E_DISP、PROXY 的回归系数都不显著，表明审计意见与上市公司真实盈余管理程度之间没有显著的关系。而回归（1）～回归（4），除回归（1）外，应计盈余管理指标 DA 的回归系数都显著为正。表明应计盈余管理程度越大的公司，越可能被审计师出具"非标意见"。这说明真实盈余管理具有更强的隐蔽性，使之更容易逃过审计师的法眼，因而，审计师往往更容易对应计盈余管理行为出具"非标意见"。而上市公司的真实盈余管理行为，往往更容易为审计师所忽略。

表9-6 审计意见与盈余管理

变量	Logit（Opinion）			
	（1）	（2）	（3）	（4）
E_CFO	-2.839 (-1.41)			
E_PROD		0.345 (0.67)		
E_DISP			-0.810 (-0.69)	
PROXY				0.430 (1.06)
DA	0.763 (0.37)	3.316*** (3.89)	3.427*** (4.23)	2.840*** (2.78)
BIG4	-0.327 (-0.82)	-0.251 (-0.63)	-0.336 (-0.84)	-0.237 (-0.59)

续表

变量	Logit（Opinion）			
	（1）	（2）	（3）	（4）
LnA	−0.411 ***	−0.438 ***	−0.399 ***	−0.450 ***
	（−3.33）	（−3.38）	（−3.25）	（−3.50）
ROA	−14.43 ***	−16.23 ***	−16.99 ***	−15.81 ***
	（−6.97）	（−13.14）	（−15.07）	（−11.92）
Debt	1.097 **	1.084 **	1.060 **	1.079 **
	（2.18）	（2.15）	（2.11）	（2.14）
MB	−0.155	−0.142	−0.146	−0.141
	（−1.49）	（−1.39）	（−1.42）	（−1.37）
lnFee	0.779 ***	0.806 ***	0.788 ***	0.812 ***
	（4.52）	（4.65）	（4.56）	（4.68）
LnINV	−0.355 ***	−0.356 ***	−0.345 ***	−0.358 ***
	（−6.17）	（−6.14）	（−6.01）	（−6.19）
LnREC	0.0237	0.0359	0.0394	0.0357
	（0.39）	（0.60）	（0.66）	（0.60）
EXshare	−1.202	−1.528	−1.093	−1.472
	（−1.00）	（−0.97）	（−0.90）	（−0.93）
Audit	−0.277 *	−0.295 *	−0.269 *	−0.301 *
	（−1.77）	（−1.87）	（−1.72）	（−1.91）
_cons	1.997	2.108	1.200	2.315
	（0.97）	（0.96）	（0.61）	（1.08）
N	5351	5056	5351	5056
Pseudo R^2	0.2584	0.2547	0.2577	0.2550
LR chi^2	556.32	532.94	554.95	533.61

注：括号内为 t 值，*** 代表在 1% 的水平上显著、** 代表在 5% 的水平上显著、* 代表在 10% 的水平上显著。

第七节 本章小结

本章以 2007~2009 年上市公司的数据为样本对上市公司盈余管理与国

际"四大"之间的关系进行实证研究,结果显示:首先,相比本土会计师事务所,由国际"四大"审计的公司其操控性应计利润显著更小;在具体区分操控性应计利润的方向后,由国际"四大"审计的公司其正向操控性应计利润显著更小,负向操控性应计利润则与本土会计师事务所无显著差异。其次,相比本土会计师事务所,由国际"四大"审计的上市公司其真实活动盈余管理程度更低,表明国际"四大"对上市公司的应计项目盈余管理行为和真实活动盈余管理行为更能够起到有效的治理作用。此外,我们还对两种盈余管理手段与审计意见之间的关系进行了实证检验,结果发现:上市公司被出具"非标意见"的概率与其应计盈余管理的程度显著正相关,与其真实盈余管理的程度没有显著的相关关系。表明相比真实盈余管理行为,审计师更关注企业的应计盈余管理行为。

| 第十章 |

研究结论与政策建议

第一节 研究结论

本书主要从我国上市公司是否存在真实活动盈余管理行为，如果存在，其产生的前因后果是什么，以及真实活动盈余管理的治理三个方面对我国上市公司的真实活动盈余管理行为进行实证研究，我们的主要研究结论如下。

（1）在总经理变更当年，上市公司存在利用应计项目调减利润的盈余管理行为，但不存在利用真实活动的盈余管理行为。在新任总经理上任后第一个、第二个完整会计年度，上市公司存在利用应计项目和真实活动调增利润的盈余管理行为。总经理变更当年，如果董事长也发生变更，则上市公司在变更当年利用应计项目调减利润的程度更大，在变更后第一个、第二个完整会计年度利用应计项目和真实活动调增利润的程度也显著更大。

（2）高管具有学术经历的上市公司应计盈余管理水平以及销售操控、生产操控和费用操控三个方面的真实盈余管理水平均显著更低。表明在盈余管理问题上，具有学术经历的高管充分展现了其"不为五斗米折腰"的"文人风骨"。影响路径分析发现，具有高管学术经历的公司风险规避倾向更强、内部控制质量更好，从而降低了盈余管理程度。进一步研究发现，高管学术经历对应计盈余管理、真实盈余管理的降低作用在非国有企业样本、非国际

"四大"审计样本以及机构投资者持股比例更低的样本中更为显著。但是，当高管面临业绩压力时，高管学术经历与应计盈余管理、真实盈余管理的关系均不再显著。

（3）当期业绩表现糟糕且预期未来业绩表现良好的企业倾向于利用应计项目正向盈余管理，即挪用未来盈余以补当期所需；当期业绩表现良好且预期未来业绩表现糟糕的企业倾向于利用应计项目负向盈余管理，即储存当期盈余以备他日之需；当期业绩表现糟糕且预期未来业绩表现也糟糕的企业则倾向于利用真实活动进行正向盈余管理；当期业绩表现良好且预期未来业绩表现也良好的企业则越不可能利用真实活动进行盈余管理。

（4）微盈公司显著存在利用应计项目以及真实活动进行正向盈余管理的现象；相比新会计准则实施前，微盈公司在新会计准则实施后利用应计项目正向盈余管理的程度显著减少、利用真实活动正向盈余管理的程度显著增加，表明新会计准则的实施促使微盈公司转向利用更加隐蔽的真实活动盈余管理进行利润操控；进一步研究发现，在控制了资产规模、资产回报率、年持有收益率、操控性应计利润以及成长性等影响因素后，上市公司真实活动盈余管理的程度与其后期的业绩表现显著负相关，表明真实活动盈余管理行为会损害公司的长期价值。

（5）机构投资者持股比例与上市公司的应计项目盈余管理水平及真实活动盈余管理水平显著负相关，表明机构投资者在公司治理活动中发挥了积极的监督作用；进一步研究发现，真实活动盈余管理水平与上市公司长期业绩表现显著负相关，应计项目盈余管理水平与上市公司短期业绩表现显著负相关，而机构投资者持股与上市公司长期业绩表现显著正相关。表明机构投资者持股比例的增加有助于提升上市公司的长期价值，其积极治理作用的一个重要体现在于对盈余管理行为的监督和制约。

（6）相比本土会计师事务所，由国际"四大"审计的公司其操控性应计利润显著更小；在具体区分操控性应计利润的方向后，由国际"四大"审计的公司其正向操控性应计利润显著更小，负向操控性应计利润则与本土会计师事务所无显著差异。表明相比本土会计师事务所，国际"四大"在国内市场能够保持更高的审计质量，且这种差异主要体现在对正向盈余管理的制约上。此外，相比本土会计师事务所，由国际"四大"审计的上市公司其真实活动盈余管理程度更低，表明国际"四大"对上市公司的真实活动盈余管理行为更能够起到有效的治理作用。

第二节　政策建议

本书的结论具有较强的政策含义。会计准则的完善减少了上市公司利用会计手段进行盈余管理的空间，却同时促使上市公司转向利用真实活动进行盈余管理。因此，要抑制上市公司的盈余管理行为需要多管齐下。

第一，对高管的业绩评价不能仅以会计盈余指标为基础，还应注重股东财富的最大化。现行企业业绩考核往往过分注重会计利润指标，这直接导致经理人通过操控应计项目和真实活动进行盈余管理。因此，应当建立一套切实有效的长期和短期相结合的业绩评价指标体系，将经理人的利益与企业的长期利益结合起来，将他们的命运与企业的生死存亡联结起来，从而形成同舟共济、荣辱与共的关系格局。比如，可以采用经理股票期权、增值权益等激励方式，提高经理人与股东利益的一致性。

第二，应建立经理人市场，目前我国职业经理人市场制度和职业操守制度、私有产权的法律保护制度、商业机密保护制度等，都很不健全。制度的缺失直接造成了职业经理人与所有者的权益纠纷难以有效解决，从而阻碍了中国职业经理人的健康发展。制度的缺失是造成经理人进行各种盈余管理行为的重要原因。在西方市场经济发达国家，信用是职业经理人的立身之本，一个职业经理人一旦信用有了瑕疵，就意味着其职业经理人生涯的终结。而在我国，因为缺少职业经理人道德的约束体系，即使个别职业经理人做出丧失信用的事情，比如，盈余管理、财务造假等，也仍然能够混迹于职业经理人队伍中，这直接影响了职业经理人的形象和信任度，形成职业经理人的"逆向选择"。因此，通过建立经理人市场，充分发挥声誉机制的作用可在一定程度上避免这一情况的发生。

第三，进一步完善会计准则体系。尽管会计准则的完善在某种程度上促使企业转向利用真实活动进行利润操控，但是，企业进行真实活动盈余管理的成本显然大于应计项目盈余管理。因此，我们必须鼓励进一步完善会计制度，尽量缩小企业会计政策选择的范围，进一步确立公允价值的地位，从而减少经理人盈余操纵的空间。同时，注意会计准则和会计制度的连贯性、一致性和前瞻性，尽可能将现有的新型业务或未来经济改革中可能出现的新型业务，恰当地纳入会计准则和会计制度的规范中，以保持会计制度建设的稳定性。

第四，应大力发展机构投资者，在稳步发展证券投资基金的同时，扩大保险资金、企业年金和社保基金等其他机构投资者在资本市场的资产比例和规模。另外，监管层应致力于为机构投资者营造更好的投资环境，鼓励并引导机构投资者积极参与公司治理活动。

第五，改善公司的治理结构、强化内部控制。首先，改变"一股独大"的股权结构，减少第一大股东的持股比例，只有这样才能对大股东行为有效约束；其次，上市公司的董事长和总经理由于其职能不同，不能由一人兼任；最后，进一步推行独立董事和独立监事制度，改变目前上市公司由内部人控制的状况。

第六，加大盈余操纵违法违规行为的惩处力度。对借盈余管理之名，行盈余操纵之实，牟取不法利益者，要全面追究造假公司、原公司高管、保荐机构、会计师事务所、律师事务所等相关责任人的责任，不仅予以经济上的重罚，使其违法违规成本大大高于其收益，而且构成犯罪的还将依法追究其刑事责任。

参考文献

［1］薄仙慧，吴联生．国有控股与机构投资者的治理效应：盈余管理视角［J］．经济研究，2009（2）：81－90.

［2］蔡春，黄益建，赵莎．关于审计质量对盈余管理影响的实证研究——来自沪市制造业的经验证据［J］．审计研究，2005（2）：3－10.

［3］陈晓，戴翠玉．A股亏损公司的盈余管理行为与手段研究［J］．中国会计评论，2004（2）：299－310.

［4］陈小悦，徐晓东．股权结构、企业绩效与投资者利益保护［J］．经济研究，2001（11）：3－11.

［5］程书强．机构投资者持股与上市公司会计盈余信息关系实证研究［J］．管理世界，2006（9）：129－136.

［6］杜兴强，王丽华．高层管理当局薪酬与上市公司业绩的相关性实证研究［J］．会计研究，2007（1）：58－66.

［7］杜兴强，周泽将．高管变更、继任来源与盈余管理［J］．当代经济科学，2010（1）：23－33.

［8］方红星，金玉娜．高质量内部控制能抑制盈余管理吗？——基于自愿性内部控制鉴证报告的经验研究［J］．会计研究．2011（8）：53－60.

［9］高雷，张杰．公司治理、机构投资者与盈余管理［J］．会计研究，2008（9）：64－72.

［10］郭照蕊．国际四大与高审计质量——来自中国证券市场的证据

［J］．审计研究，2011（1）：98－107.

［11］李爽，吴溪．盈余管理、审计意见与监事会态度评监事会在我国公司治理中的作用［J］．审计研究，2003（1）：8－13.

［12］李增福，董志强等．应计项目盈余管理还是真实活动盈余管理？——基于我国2007年所得税改革的研究［J］．管理世界，2011（1）：121－134.

［13］李增福，郑友环，连玉君．股权再融资、盈余管理与上市公司业绩滑坡——基于应计项目操控与真实活动操控方式下的研究［J］．中国管理科学，2011（2）：49－56.

［14］林永坚，王志强，李茂良．高管变更与盈余管理——基于应计项目和真实活动操控的实证研究［J］．南开管理评论．2013（1）：4－14.

［15］刘畅．数字化转型对上市公司真实盈余管理的影响研究［J］．科学决策，2022（12）：37－58

［16］刘峰，周福源．国际四大意味着高审计质量吗？——基于会计稳健性角度的检验［J］．会计研究，2007（3）：79－87.

［17］刘凤委，汪辉，孙铮．股权性质与公司业绩——基于盈余管理基础上的经验分析［J］．财经研究，2005（6）：96－106.

［18］刘伟，刘星．审计师变更、盈余操纵与审计师独立性［J］．管理世界，2007（9）：129－135.

［19］鲁桂华，潘柳芸．高管学术经历影响股价崩盘风险吗？［J］．管理评论，2021（4）：259－270.

［20］陆建桥．中国亏损上市公司盈余管理实证研究［J］．会计研究，1999（9）：25－35.

［21］漆江娜，陈慧霖，张阳．事务所规模品牌价格与审计质量 国际四大中国审计市场收费与质量研究［J］．审计研究，2004（3）：59－65.

［22］沈华玉，张军，余应敏．高管学术经历、外部治理水平与审计费用［J］．审计研究：2018（4）：86－94.

［23］孙铮，王跃堂．盈余操纵与资源配置之实证研究［J］．财经研究，1999（4）：3－10.

［24］王兵，苏文兵，何梦庄．"四大"审计质量在中国存在差异吗？
［J］．审计研究，2011（6）：89－97．

［25］王霞，连立帅，周萍．高管后代性别与民营企业资本配置效率
［J］．世界经济，2021（6）：178－203．

［26］王艳艳，陈汉文．审计质量与会计信息透明度——来自中国上市
公司的经验数据［J］．会计研究，2006（4）：9－15．

［27］夏立军，杨海斌．注册会计师对上市公司盈余管理的反应［J］．
审计研究，2001（4）：28－34．

［28］谢德仁，陈运森．金融生态环境、产权性质与负债的治理效应
［J］．经济研究，2009（5）：118－129．

［29］于鹏．公司特征、国际"四大"与审计意见［J］．审计研究，
2007（2）：53－60．

［30］张晓亮，杨海龙，唐小飞．CEO 学术经历与企业创新［J］．科研
管理，2019（2）：154－163．

［31］张俊瑞，李彬，刘东霖．真实活动操控的盈余管理研究——基于
保盈动机的经验证据［J］．数理统计与管理，2008（5）．

［32］周楷唐，麻志明，吴联生．高管学术经历与公司债务融资成本
［J］．经济研究，2017（7）：169－183．

［33］周夏飞，周强龙．产品市场势力、行业竞争与公司盈余管理［J］．
会计研究，2014（8）：60－66．

［34］朱星文，廖义刚，谢盛纹．高级管理人员变更、股权特征与盈余
管理——来自中国上市公司的经验证据［J］．南开管理评论，2010（2）：
23－29．

［35］朱红军．大股东变更与高级管理人员更换：经营业绩的作用［J］．
会计研究，2002（9）：31－40．

［36］原红旗，李海建．会计师事务所组织形式、规模与审计质量［J］．
审计研究，2003（1）：32－27．

［37］Abdullah SN, Ismail KNIK, Lode N. Disclosure of extraordinary items
and income smoothing behavior in Malaysia［J］. Journal Pengurusan, 2002, 21：

57 - 75.

[38] Albrecht WD, Richardson FM. Income smoothing by economy sector [J]. Journal of Business Finance and Accounting, 1990, 17 (5): 713 - 30.

[39] Anand Mohan Goel, Anjan V. Thakor. Why Do Firms Smooth Earnings? [J]. Journal of Business, 2003, 76 (1): 151 - 192.

[40] Ashari N, Koh HC, Tan SL, Wong WH. Factors affecting income smoothing among listed companies in Singapore [J]. Accounting and Business Research, 1994, 24 (96): 291 - 301.

[41] Asuman Atik. Detecting income-smoothing behaviors of Turkish listed companies through empirical tests using discretionary accounting changes [J]. Critical Perspectives on Accounting, 2009 (20): 591 - 613.

[42] Basu, S. The Conservatism principle and the asymmetric timeliness of earnings [J]. Journal of Accounting and Economics, 1997, 24 (1): 1 - 37.

[43] Basu, S., L. Hwang, and L. Jan. Difference in conservatism between Big Eight and non-Big Eight auditors [J]. Working paper, Emory University, 2002.

[44] Beatty, R. Auditor Reputation and the Pricing of Initial Public Offerings [J]. The Accounting Review, 1989, 64 (10): 693 - 709.

[45] Balsam, S., E. Bartov, C. Marquardt. Accruals Management, Investor Sophistication and Equity Valuation: Evidence from 10Q Filings [J]. Journal of Accounting Research, 2002, 40: 987 - 1012.

[46] Bamber, L. S., Jiang, J. X., and Wang, I. Y., 2010, "What's My Style? The Influence of Top Managers on Voluntary Corporate Financial Disclosure" [J]. Accounting Review, 85 (4): 1131 - 1162.

[47] Bange, M. M., De Bondt, W. F. M. R&D budgets and corporate earnings budgets [J]. Journal of Corporate Finance, 1998 (4): 153 - 184.

[48] Barton, J. Does the use of financial derivatives affect earnings management decisions? [J]. The Accounting Review, 2001, 76: 1 - 26.

[49] Barton, J., P. Simko. The Balance Sheet as an Earnings Management

Constraint [J]. The Accounting Review, 2002, 77: 1 -27.

[50] Bartov, E. The timing of asset sales and earnings manipulation [J]. The Accounting Review, 1993, 68: 840 -855.

[51] Baumgarten, E. (1982). Ethics in the academic profession: a Socratic view [J]. The Journal of Higher Education, 53 (3), 282 -295.

[52] Beattie V, Brown S, Ewers D, John B, Manson S, Thomas D, et al. Extraordinary items and income smoothing: a positive accounting approach [J]. Journal of Business Finance and Accounting, 1994, 1 (6): 791 -811.

[53] Becker, C. M. DeFond, J. Jiambalvo. The Effect of Audit Quality on Earnings Management [J]. Contemporary Accounting Research, 1998, 15 (1): 1 -24.

[54] Beidleman, Carl R. Income smoothing: The role of management [J]. Accounting Review, 1973, 48: 653 -667.

[55] Belkaoui AR. Anticipatory income smoothing and the investment opportunity set: an empirical test of the Fudenberg and Tirole (1995) model [J]. Review of Accounting and Finance, 2003, 2 (2): 99 -117.

[56] Bennett, J. , Sias, R. W. , Starks, L. T. Greener pastures and the impact of dynamic institutional performances [J]. The review of Financial Studies, 2003, 16: 1203 -1238.

[57] Bens, Nagar, Skinner, and Wong. Employee stock options, EPS dilution, and stock repurchases [J]. Journal of Accounting & Economics, 2003, 36: 51 -90.

[58] Bird FA. A note on the return to straight-line depreciation [J]. Journal of Accounting Research, 1969, 7 (2): 328 -31.

[59] Booth GG, Kallunki JP, Martikainen T. Post announcement drift and income smoothing: Finnish evidence [J]. Journal of Business Finance and Accounting, 1996, 23 (8): 197 -211.

[60] Bowman, R. F. Teacher as servant leader. The Clearing House: A Journal of Educational Strategies [J]. Issues and Ideas, 2005, 78 (6): 257 -260.

［61］Brayshaw RE, Eldin AEK. The smoothing hypothesis and the role of exchange differences ［J］. Journal of Business Finance and Accounting, 1989, 16 (5): 21 – 33.

［62］Bruns W, Merchant K. The dangerous morality of managing earnings ［J］. Journal of Accounting and Economics, 2006, 42: 335 – 370.

［63］Burgstahler D, Dichive I. Earnings management to avoid earnings decreases and losses ［J］. Journal of Accounting and Economics, 1997 (24): 99 – 126.

［64］Bushee, B. The influence of institutional investors on myopic R&D investments, behaviour ［J］. The Accounting Review, 1998, 73: 305 – 333.

［65］Byounggu Choi, Heeseok Lee. An empirical investigation of KM styles and their effect on corporate performance ［J］. Information and Management, 2003, 40: 403 – 417.

［66］Cahan, S. F. and W. Zhang. After Enron: Auditor conservatism and ex-Andersen clients ［J］. The Accounting Review, 2006, 81 (1): 49 – 82.

［67］Carlson SJ, Bathala CT. Ownership differences and firm's income smoothing behavior ［J］. Journal of Business Finance and Accounting, 1997, 24 (2): 179 – 196.

［68］Chaney, P., D. Jeter, and L. Shivakumar. Self-selection of auditors and audit pricing in private firms ［J］. The Accounting Review, 2004, 79 (1): 51 – 72.

［69］Chaney PK, Jeter DC. Income smoothing and firm characteristics ［J］. Accounting Enquiries, 1997, 7 (1): 1 – 50.

［70］Chaney PK, Lewis C. Income smoothing and underperformance in initial public offerings ［J］. Journal of Corporate Finance, 1998 (4): 1 – 29.

［71］Chen, Rees, Sivaramakrishnan. On the Use of Accounting vs. Real Earnings Management to Meet Earnings Expectations—A Market Analysis. Working paper ［J］. University of Colorado at Boulder, 2010.

［72］Cho, C. H., Jung, J. H., Kwak, B., Lee, J., and Yoo, C. Y.

"Professors on the Board: Do They Contribute to Society Outside the Classroom?" [J]. Journal of Business Ethics, 2015, 141 (2): 1 –17.

[73] Chow. C. W, S. J. Rice. Qualified Audit Opinions and Auditor Switching [J]. The Accounting Review, 1982, 58 (4): 326 –335.

[74] Chung, Firth and Kim. Institutional monitoring and opportunistic earnings management [J]. Journal of Corporate Finance, 2002 (8): 29 –48.

[75] Cohen, D. , and P. Zarowin. Economic Consequences of Real and Accrual-Based Earnings Management Activities [J]. Working Paper, New York University, 2008.

[76] Cohen, D. , A. Dey, and T. Lys. Real and accrual-based earnings management in the pre-and post-Sarbanes-Oxley periods [J]. The Accounting Review, 2008, 83: 757 –787.

[77] Cohen, D. , and P. Zarowin. Accrual – based and real earnings management activities around seasoned equity offerings [J]. Journal of Accounting and Economics, 2010, 50: 2 –19.

[78] Craswell, A and J. R. Francis, S. L. Taylor. Auditor Brand Name Reputations and Industry Specializations [J]. Journal of Accounting and Economics, 1995, 20 (3): 297 –322.

[79] Cushing BE. An empirical study of changes in accounting policy [J]. Journal of Accounting Research, 1969, 7 (2): 196 –203.

[80] Daniel A. Cohen, Paul Zarowin. Accrual-based and Real Earnings Management Activities Around Seasoned Equity Offerings [J]. Journal of Accounting and Economics, 2010, 50 (5): 2 –19.

[81] DeAngelo H. Managerial Competition, Information Cost and Corporate Governance: the Use of Accounting Performance Measures in Proxy Contests [J]. Journal of Accounting and Economics, 1988, 10 (1): 3 –36.

[82] DeAngelo, L. E. Auditor Size and Audit Quality [J]. Journal of Accounting and Economics, 1981 (3): 183 –199.

[83] Dechow M P, Sloan R G, Sweeney A P. Detecting earning management

[J]. The Accounting Review, 1995, 70 (2): 193 –225.

[84] Dechow P. M. and Richard G. Sloan. Manager Incentives and the Horizon Problems: An Empirical Investigation [J]. Journal of Accounting and Economics, 1991, 14 (1): 51 –89.

[85] DeFond M and J. Jiambalvo. Incidence and Circumstances of Accounting Errors [J]. Accounting Review, 1991, 66 (3): 643 –655.

[86] DeFond M. L. and Chul W. Park. Smoothing Income in Anticipation of Future Earnings [J]. Journal of Accounting and Economic, 1997, 23 (2): 115 – 139.

[87] DeFond M. L. , Wong T. J. , Li S. H. The Impact of Improved Auditor Independence on Auditor Market Concentration in China [J]. Journal of Accounting and Economics, 2000, 28: 269 –305.

[88] Eckel N. The income smoothing hypothesis revisited [J]. Abacus, 1981, 17 (1): 28 –40.

[89] Ewert and Wagenhofer. Economic effects of tightening accounting standards to restrict earnings management [J]. The Accounting Review, 2005, 80 (4): 1101 –1124.

[90] Francis, J. , and D. Wang. The Joint Effect of Investor Protection and Big 4 Auditors on Earnings Quality Around the World [J]. Contemporary Accounting Research, 2008, 25: 157 –191.

[91] Francis, J. and E. R. Wilson. Audit or changes: A joint test of theories relating to agency costs and audit or differentiation [J]. The Accounting Review, 1988, 63 (4): 663 –682.

[92] Francis, B. , Hasan, I. and Wu, Q. Professors in the Boardroom and Their Impact on Corporate Governance and Firm Performance [J]. Financial Management, 2015, 44 (3): 547 –581.

[93] Fonseca, A. R. , González, F. Cross-country determinants of bank income smoothing by managing loan-loss provisions [J]. Journal of Banking and Finance, 2008, 32: 217 –228.

[94] Fudenberg, Drew, and Jean Tirole. A theory of income and dividend smoothing based on incumbency rents [J]. Journal of Political Economy, 1995, 103: 75 –93.

[95] Godfrey JM, Jones KL. Political cost influences on income smoothing via extraordinary item classification [J]. Accounting and Finance, 1999 (39).

[96] Goh, Lee and Lee. Majority Shareholder Ownership and Real Earnings Management: A Korean Perspective [J]. Working Paper, Yonsei University. 2012.

[97] Gordon, M. J. Postulates, principles and research in accounting [J]. The Accounting Review, 1964, 39 (2): 251 –263.

[98] Graham, J. R. , C. R. Harvey, and S. Rajgopal. The economic implications of corporate financial reporting [J]. Journal of Accounting and Economics, 2005, 40 (1 –3): 3 –73.

[99] Graves S B. Institutional ownership and corporate R&D in the computer industry [J]. Academy of Management Journal, 1988, 31: 417 –428.

[100] Graves S B, S A Waddock. Institutional Ownership and Control: Implications for Long-term Corporate Strategy [J]. Academy of Management Executive, 1990 (4): 75 –83.

[101] Gunny, K. What are the consequence of real earnings management ? [J]. Working Paper, University of Colorado at Boulder, 2005.

[102] Gunny K. The relation between earnings management using real activities manipulation and future performance [J]. Contemporary Accounting Research, 2010, 27 (3): 855 –888.

[103] Guay, W. R. , Kothari, S. P. and Watts, R. . A market-based evaluation of discretionary accrual models [J]. Journal of Accounting Research, 1996, 34 (3): 83 –105.

[104] Hambrick, D. C. , and Mason, P. A. Upper Echelons: The Organization as a Reflection of Its Top Managers [J]. Academy of Management Review, 1984, 9 (2): 193 –206.

[105] Hambrick, D. C. Upper Echelons Theory: An Update [J]. Academy of Management Review, 2007, 32 (2): 334 – 343.

[106] Hayn C. The information content of losses [J]. Journal of Accounting and Economics, 1995 (20): 125 – 153.

[107] Heckman, J. J. Dummy endogenous variables in a simultaneous equations system [J]. Econometrica, 1978, 46: 931 – 959.

[108] Herrman D, Inoue T. Income smoothing and incentives by operating condition: an empirical test using depreciation changes in Japan. Journal of International Accounting [J]. Auditing and Taxation, 1996, 5 (2): 161 – 178.

[109] Imhoff EA. Income smoothing—a case for doubt [J]. The Accounting Journal, 1977, 1 (1): 85 – 100.

[110] Jackson, S. B. , and W. E. Wilcox . Do managers grant sales price reductions to avoid losses and declines in earnings and sales? [J]. Quarterly Journal of Business and Economics, 2000, 39.

[111] Jacobs. J. Earnings management during import relief investigations [J]. Journal of Accounting Research, 1991, 29: 193 – 228.

[112] Jiang, B. , and Murphy, P. Do Business School Professors Make Good Executive Managers? [J]. Academy of Management Perspectives, 2007, 21 (3): 29 – 50.

[113] Kamarudin KAB, Ismail WABW, Ibrahim MK. Market perception of income smoothing practices: Malaysian evidence [J]. Working paper, 2003.

[114] Kanagaretnam K, Lobo GJ, Mathieu R. Managerial incentives for income smoothing through bank loan loss provisions [J]. Review of Quantitative Finance and Accounting, 2003, 20 (1): 63 – 80.

[115] Krishnan, G. Audit Quality and the Pricing of Earnings Management [J]. Auditing, 2003, 22: 110 – 126.

[116] Khurana, Inder, and K. K. Raman. Litigation risk and the financial reporting credibility of big 4 versus non-big 4 auditors: Evidence from Anglo-Aerican countries [J]. The Accounting Review, 2004, 179 (3): 473 – 495.

[117] Lambert, R. A. Income smoothing as rational equilibrium behavior [J]. Accounting Review, 1984, 59 (10): 604 –618.

[118] Light. The Privatization of Equity [J]. Harvard Business Review, 1989, (2): 61 –74.

[119] Mark Wilson, Liang Wui Wang. Earnings management following chief executive officer changes: the effect of contemporaneous chairperson and chief financial officer appointments [J]. Working Paper, 2010.

[120] Maslow, A. H. A theory of human motivation [J]. Psychological review, 1943, 50 (4): 370.

[121] Michelson SE, Jordan-Wagner J, Wooton CW. A market-based analysis of income smoothing [J]. Journal of Business Finance and Accounting, 1995, 22 (8): 1179 –1193.

[122] Min CT, Nyean PL. Accounting for extraordinary items in Singapore: empirical findings and international implications [J]. Journal of International Accounting Auditing & Taxation, 1998, 7 (2): 215 –232.

[123] Moore, M. Management turnovers and discretionary accounting decisions [J]. Journal of Accounting Research, 1973, 11 (2): 100 –109.

[124] Moses OD. Income smoothing and incentives: empirical tests using accounting changes [J]. The Accounting Review, 1987, 11 (2): 358 –377.

[125] Peter Wells. Earnings Management Surrounding CEO Turnovers [J]. Accounting and Finance, 2002, 42 (2): 169 –193.

[126] Petersen, M. A. , Thiagarajan, S. R. Risk measurement and hedging: with and without derivatives [J]. Financial Management, 2000, 29: 5 –30.

[127] Pinghsun Huang, Yan Zhang, Donald R. Deis, Jacquelyn S. Moffitt. Do artificial income smoothing and real income smoothing contribute to firm value equivalently? [J]. Journal of Banking & Financ, 2009, 33: 224 –233.

[128] Porter M E. Capital Disadvantage: America's Failing Capital Investment System [J]. Harvard Business Review, 1992, 70: 65 –82.

[129] Pourciau S. Earnings Management and Nonroutine Manager Turnovers

[J]. Journal of Accounting and Economics, 1993, 16 (1-3): 317-336.

[130] Rajgopal, S. , Venkatachalam M. The Role of Institutional Investors in Corporate Governance: An Empirical Investigation [R]. Working Paper, University of Washington, 1997.

[131] Richardson, R. , I. Tuna, and M. Wu. Predicting earnings management: The case of earnings restatements [R]. Working paper, University of Michigan Business School, 2002.

[132] Ronen J, Sadan S. Classificatory smoothing: alternative income methods [J]. Journal of Accounting Research, 1975, 13 (1): 133-149.

[133] Schipper, K. Commentary on Earnings Management [J]. Accounting Horizons, 1989 (4): 91-102.

[134] Seok W. J. , and J. Rho. Big six auditors and audit quality: The Korean evidence [J]. The International Journal of Accounting, 2004, 39: 175-196.

[135] Shaw KW. Corporate disclosure quality, earnings smoothing, and earnings' timeliness [J]. Journal of Business Research 2003, 56 (10): 43-50.

[136] Shleifer A, Vishny R W. A survey of corporate governance [J]. Journal of Finance, 1997, 52 (2): 737-783.

[137] Siew Hong Teoh, Ivo Welch, T. J. Wong. Earnings Management and the Underperformance of Seasoned Equity Offerings [J]. Journal of Financial Economics, 1998.

[138] Shu, S. Z. Auditor resignations: clientele effects and legal liability [J]. Journal of Accounting and Economics, 2000, 29 (4): 173-205.

[139] Simunic, Dan A. , and M. T. Stein. Impact of litigation risk on audit pricing: A review of the economics and the evidence [J]. Auditing: A Journal of Practice and Theory, 1996, 15 (Supplement): 119-134.

[140] Skinner, D. J. , R. G. Sloan. Earnings surprises, growth expectations and stock returns or Don't let an earnings torpedo sink your portfolio [J]. Review

of Accounting Studies, 2002 (7): 289 – 312.

[141] Strong. J. , J. Meyer. Asset Writedowns: Managerial Incentives and Security Returns [J]. Journal of Finance, 1987, 42 (3): 643 – 663.

[142] Sugata Roychowdhury. Earnings management through real activities manipulation [J]. Journal of Accounting and Economics, 2006, 42 (12): 335 – 370.

[143] Teoh, S. H. , and T. J. Wong. Perceived Auditor Quality and the Earnings Response Coefficient [J]. The Accounting Review, 1993, 68 (7): 346 – 366.

[144] Thomas, J. K. , H. Zhang. Inventory changes and future returns [J]. Review of Accounting Studies, 2002 (7): 163 – 187.

[145] Vancil, R. F. Passing the Baton: Managing the Process of CEO Succession [M]. Harvard Business School Press, 1987.

[146] White GE. Discretionary accounting decision and income normalisation [J]. Journal of Accounting Research, 1970, 8 (2).

[147] Woidtke, T. Agents watching agents?: Evidence from pension fund ownership and firm value [J]. Journal of Financial Economics, 2002 (63): 99 – 131.

[148] Zang, A. Evidence on the Tradeoff between Real Manipulation and Accrual Manipulation [J]. The accounting review, 2012, 87 (2): 675 – 703.